思想道德与法治

学练结合

解忧资料编写组 主 编

杨 萍 副主编

知识要点难点提炼

经典习题边学边练

助力 学期考试通关

考研一举上岸

内 容 简 介

本书为高等院校政治类课程的同步辅导及考研复习用书，适配教材为《思想道德与法治》(2021 年版)。全书体例清晰，内容全面，重点突出，对知识难点和重点进行了详细梳理，并根据考点编写了经典习题，以便同学们进行有针对性的练习。同学们通过本书边学边练，可以更好地理解教材内容，掌握知识点，进而顺利通过学期课程考试，同时为考研政治打下良好的基础。

图书在版编目(CIP)数据

思想道德与法治学练结合 / 解忧资料编写组主编
. 一一北京 ：北京航空航天大学出版社，2022. 10
ISBN 978 - 7 - 5124 - 3909 - 2

Ⅰ. ①思… Ⅱ. ①解… Ⅲ. ①思想修养一高等学校一教学参考资料②法律一中国一高等学校一教学参考资料
Ⅳ. ①G641. 6②D920. 4

中国版本图书馆 CIP 数据核字 (2022) 第 192419 号

思想道德与法治学练结合
解忧资料编写组　主　编
杨　萍　副主编
策划编辑　崔昕昕
责任编辑　于　洋
*
北京航空航天大学出版社出版发行
北京市海淀区学院路 37 号(邮编 100191)　http://www. buaapress. com. cn
发行部电话：(010)82317024　传真：(010)82328026
读者信箱：bhjiaopei@163. com　邮购电话：(010)82316936
保定市中画美凯印刷有限公司印装　各地书店经销
*
开本：787×1 092　1/16　印张：9. 75　字数：250 千字
2022 年 10 月第 1 版　2022 年 10 月第 1 次印刷
ISBN 978 - 7 - 5124 - 3909 - 2　定价：30. 00 元

复习与考试说明

本书适配教材为《思想道德与法治》（2021 年版）。

一、学习建议

1. 大家在学习思想道德与法治这门课程时，要注意把握课程的知识框架体系，即六章、三大块，注重从整体上、宏观上把握课程。

2. 注重联系实际。本课程的内容来源于现实生活，又对现实生活具有指导意义，因此，要了解有关的典型案例，包括正面的和反面的典型案例。

二、课程综述

思想道德与法治这门课程针对大学生成长过程中面临的思想道德和法律问题，开展马克思主义的世界观、人生观、价值观、道德观、法治观教育，引导大学生提高思想道德素质和法治素养，成长为自觉担当民族复兴大任的时代新人。

三、知识大纲

本课程由绪论和六章正文组成。绪论阐述思想道德和法律的相互关系及提高思想道德素质和法治素养的重要性，强调时代新人要以民族复兴为己任。正文六章可分为三大部分：

第一部分，从第一章至第四章，主要阐述思想层面的内容，包括人生观和价值观、理想信念、中国精神和社会主义核心价值观。第一章论述人生观和价值观；第二章论述理想信念；第三章论述中国精神（包括民族精神和时代精神）与爱国主义；第四章主要阐述践行社会主义核心价值观。

第二部分，第五章，主要阐述道德观，包括道德的本质、功能与作用，中华传统美德、中国革命道德，公共生活中的道德（包括社会公德、职业道德和家庭美德）、个人品德修养，以及加强社会主义道德建设。概括起来，就是要明大德、守公德、严私德。

第三部分，第六章，主要阐述法治思想，共有六节。内容包括社会主义法律的特征和运行，全面依法治国的各个方面，培养法治思维，以及依法行使权利与履行义务。

全书由解忧资料编写组主持编写，杨萍作为副主编负责编写了第五章和第六章。

目录

绪论　担当复兴大任　成就时代新人

知识框架

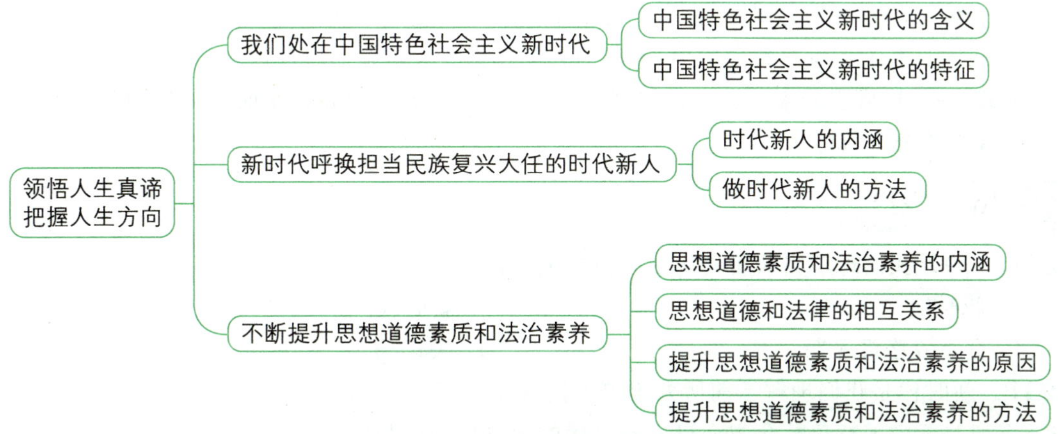

内容导学

绪论是本章的总起部分，以下几个问题是重点。大家复习时，可以尝试去找到以下几个问题的答案，并着重把握。

(1)中国特色社会主义新时代意味着什么？特征是什么？

(2)中国梦的特征是什么？

(3)时代新人怎样以民族复兴为己任？

(4)思想道德和法律的相互关系是怎样的？

(5)大学生应如何不断提升思想道德素质与法治素养？

小节 1　我们处在中国特色社会主义新时代

要点 1 ▶ 中国特色社会主义新时代的意味与特征

新时代是我们理解当前所处历史方位的关键词。新时代，党带领我们实现了第一个百年奋斗目标，在中华大地上全面建成了小康社会，历史性地解决了绝对贫困问题，正在意气风发向着全面建成社会主义现代化强国的第二个百年奋斗目标迈进。

(1)意味

中国特色社会主义进入新时代，意味着：

① 近代以来久经磨难的中华民族迎来了从站起来、富起来到强起来的伟大飞跃，迎来了实现中华民族伟大复兴的光明前景。

② 科学社会主义在21世纪的中国焕发出强大生机活力，在世界上高高举起了中国特色社会主义伟大旗帜。

③ 中国特色社会主义道路、理论、制度、文化不断发展，拓展了发展中国家走向现代化的途径，给世界上那些既希望加快发展又希望保持自身独立性的国家和民族提供了全新选择，为解决人类问题贡献了中国智慧和中国方案。

(2)特征

这个新时代是：

① 承前启后、继往开来、在新的历史条件下继续夺取中国特色社会主义伟大胜利的时代。

② 决胜全面建成小康社会、进而全面建设社会主义现代化强国的时代。

③ 全国各族人民团结奋斗、不断创造美好生活、逐步实现全体人民共同富裕的时代。

④ 全体中华儿女勠力同心、奋力实现中华民族伟大复兴中国梦的时代。

⑤ 我国日益走近世界舞台中央、不断为人类作出更大贡献的时代。

注意：中华民族强起来还在实现的过程中，它是现在进行时和将来时，不是完成时，需要今天广大青年的奋斗和担当。

小试牛刀1

1 (　　)是我们理解当前所处历史方位的关键词。

A. 新时期　　B. 新时代

C. 重要战略机遇期　　D. 关键期

【解】B。新时代是我们理解当前所处历史方位的关键词。

2 下列关于中国特色社会主义进入新时代的说法错误的是(　　)。

A. 进入新时代意味着中华民族迎来了实现伟大复兴的光明前景

B. 进入新时代意味着科学社会主义在21世纪的中国焕发出强大生机活力

C. 新时代是决胜全面建成小康社会、进而全面建设社会主义现代化强国的时代

D. 新时代是全国各族人民团结奋斗、不断创造美好生活、逐步实现共产主义的时代

【解】D。ABC三个选项与新时代的特征论述一致，D选项中的“共产主义”应为“全体人民共同富裕”。

要点2 ▶ 中国梦的特征

中国梦是历史的、现实的，也是未来的；是国家的、民族的，也是每一个中国人的。

小节2　新时代呼唤担当民族复兴大任的时代新人

要点1 ▶ 时代新人总述

党的十九大提出了“培养担当民族复兴大任的时代新人”的战略要求。进入新时代，为实现中华民族伟大复兴的中国梦而奋斗，是中国青年运动的时代主题；全程参与、亲身建设社会主义现代化强国，是当代中国青年的时代责任。

时代新人总述如下：

根本要求:有理想、有本领、有担当。

基本方法:立大志、明大德、成大才、担大任,不断提升思想道德素质与法治素养。

目标诉求:成为走在时代前列的奋进者、开拓者、奉献者。

评价尺度:有信念、有梦想、有奋斗、有奉献的人生,才是有意义、有高度、有境界、有品位的人生。

小试牛刀 2

3 “培养担当民族复兴大任的时代新人”的战略要求大学生应该以(　　)为根本要求。

A. 有梦想、有能力、有责任　　B. 有理想、有本领、有担当

C. 有理想、有能力、有责任　　D. 有理想、有能力、有担当

【解】B。时代新人的根本要求:有理想、有本领、有担当。表述一个字都不能错。

4 有信念、有梦想、有奋斗、有奉献的人生,才是有意义、有高度、有境界、有品位的人生。(　　)

A. 正确　　B. 错误

【解】A。题干论述是时代新人的评价尺度,正确。平时多注意阅读教材原文,留意那些看似绝对的话,很容易出判断题。

要点 2 做有理想有本领有担当的时代新人的方法

立大志,就是要有崇高的理想信念,牢记使命,自信自励。“功崇惟志,业广惟勤。”理想指引人生方向,信念决定事业成败。青年理想远大、信念坚定,是一个国家、一个民族无坚不摧的前进动力。在立大志层面,对大学生有三点要求:大学生不断增强做中国人的志气、骨气、底气。大学生树立正确的政治方向和远大的人生志向。大学生坚定中国特色社会主义的道路自信、理论自信、制度自信、文化自信。

明大德,就是要锤炼高尚品格,崇德修身,启润青春。“重莫如国,栋莫如德。”青年引风气之先,其道德水准和精神风貌直接影响一个民族的文明素养。

成大才,就是要有高强的本领才干,勤奋学习,全面发展。“青春虚度无所成,白首衔悲亦何及。”不断增强的本领才干,是青春焕发光彩的重要源泉。新时代大学生素质和本领的强弱,直接影响着民族复兴的进程。面对国内外飞速发展的深刻变化,大学生要有本领不够、才干不足的紧迫感,要把学习作为首要任务,作为一种责任、一种精神追求、一种生活方式,既要惜时如金、孜孜不倦,下一番心无旁骛、静谧自怡的功夫,又要突出主干、择其精要,做到又博又专、愈博愈专;既打牢扎实基础,又及时更新知识;既刻苦钻研理论知识,又积极掌握实践技能;既向书本学,又向实践学、向群众学;既向传统学,又向现代学,让勤奋学习成为青春远航的动力,让增长本领成为青春搏击的能量。努力成为兼收并蓄、融会贯通、本领高强、全面发展的优秀人才。

担大任,就是要有天下兴亡、匹夫有责的担当精神,讲求奉献,实干进取。“历尽天华成此景,人间万事出艰辛。”青春至美是担当,青年的担当是决定人生价值的最大砝码,是影响时代发展进程的重要力量。担当精神体现为奉献祖国、服务人民、尽心尽力、勇于担责,自觉树立国家意识、民族意识、责任意识,把个人的前途命运和国家、民族的前途命运联系在一起。担大任要在厚植爱国主义情怀上下功夫,让爱国主义精神在心中牢牢扎根,热爱和拥护中国共产党,立志听党话、跟党走,立志扎根人民、奉献国家。

小试牛刀3

5 当代大学生成为走在时代前列的奋进者、开拓者、奉献者要(　　)。

A. 有崇高的理想信念,牢记使命,自信自励

B. 有高强的本领才干,勤奋学习,全面发展

C. 有天下兴亡、匹夫有责的担当精神,讲求奉献,实干进取

D. 努力提升思想道德素质与法治素养

【解】ABCD。成为时代新人的基本方法:立大志、明大德、成大才、担大任,不断提升思想道德素质与法治素养。这依次对应着 ABCD 四个选项,故全选。

6 理想指引人生方向,信念决定事业成败。(　　)

A. 正确　　B. 错误

【解】A。这是关于“立大志”的论述,与“功崇惟志,业广惟勤”对应。

7 青春至美是担当,青年的担当是决定人生价值的最大砝码。(　　)

A. 正确　　B. 错误

【解】A。这是关于“担大任”的论述,能否担大任是衡量青年人生价值的尺度。

小节 3　不断提升思想道德素质和法治素养

要点 1　思想道德和法律的相互关系

(1)共同点:

① 思想道德和法律都是调节人们思想行为、协调人际关系、维护社会秩序的重要手段。

② 都是社会上层建筑的重要组成部分,共同服务于一定的经济基础。

(2)不同点:

二者在调节领域、调节方式、调节目标等方面发挥的作用和方式存在很大不同。

(3)相互关系:

在我国,社会主义思想道德建设和法治建设紧密联系,相互补充、相互促进,为党和国家事业提供坚实的思想基础、精神支撑和制度保障。

一方面,思想道德为法律提供思想指引和价值基础。

① 思想道德为法律的制定、发展和完善提供价值准则,是社会主义法律正当性和合理性的重要基础。

② 思想道德能够促进人们自觉尊法学法守法用法,维护法律权威。

③ 思想道德调整社会关系的范围和方式更加广泛灵活,可以弥补法律调整的短板,与法律一道共同促进良好社会秩序的形成。

另一方面,法律为思想道德提供制度保障。

① 法律通过对思想道德的基本原则予以确认,为思想道德建设提供国家强制力保障。

② 科学立法和民主立法,可以将思想道德有机融入法律体系,使法律具有鲜明道德导向,让法治成为良法善治。

③ 严格执法和公正司法,有利于维护社会公平正义,弘扬真善美、打击假恶丑,使思想道德要求在实践中得到切实遵循。

④ 全民普法和全民守法,有助于增强人们信守法律的思想道德水平,引导人们自觉履行法

定义务、家庭责任、社会责任。

思想道德和法律的相互关系,也可用习近平的话语来简述(详见图例笔记)。

小试牛刀 4

8 法律是成文的道德,道德是内心的法律。这句话是要强调(　　)。

A. 法律和道德两种规范调节的领域相同

B. 法律和道德两种规范的实现方式相同

C. 法律和道德两种规范的实施载体相同

D. 法律和道德都具有规范社会行为、维护社会秩序的作用

【解】D。本题考查道德和法律的异同点。"法律是成文的道德,道德是内心的法律",这是在表达法律和道德二者联系紧密,有异曲同工之处。ABC 三个选项论述错误,法律和道德在这三个方面均不相同。D 选项才是法律和道德的共同点。

9 道德和法律是维护社会秩序的两种基本手段。下列关于二者关系的说法中,正确的是(　　)。

A. 法律是道德形成的基础,能够为道德规范的制定提供依据

B. 凡是道德所反对和谴责的行为,必定是法律所制裁的行为

C. 法律的调节更具有广泛性,能够渗透到道德不能调节的领域

D. 凡是法律所禁止和制裁的行为,通常也是道德所反对和谴责的行为

【解】D。本题考查道德和法律的相互关系。道德是法律的基础,更广泛,因此前三个选项错误,D 选项正确。

10 下列关于思想道德和法律的关系错误的是(　　)。

A. 二者都是上层建筑的重要组成部分,共同服务于一定的经济基础

B. 法律和道德都具有规范社会行为、调节社会关系、维护社会秩序的作用

C. 德安天下,法润人心,国家治理需要法律和道德协同发力

D. 法律有效实施有赖于道德支持,道德践行也离不开法律约束

【解】C。本题考查道德和法律的相互关系。ABD 论述正确,C 选项"德安天下,法润人心"应为"法安天下,德润人心"。这是因为法律具有强制性,而德春风化雨。

11 2018 年 5 月,中共中央印发了《社会主义核心价值观融入法治建设立法修法规划》,提出着力把社会主义核心价值观融入法律法规的立改废释全过程,力争经过 5 到 10 年时间,推动社会主义核心价值观全面融入中国特色社会主义法律体系。这再一次凸显了思想道德与法律的紧密联系、相互促进。以下正确反映两者关系的选项有(　　)。

A. 思想道德为法律提供思想指引和价值基础

B. 法律为思想道德提供制度保障

C. 法律有效实施有赖于道德支持

D. 道德践行也离不开法律约束

【解】ABCD。本题考查道德和法律的相互关系。四个选项论述都正确。

12 法律为思想道德提供制度保障,体现在(　　)。

A. 法律通过对思想道德的基本原则予以确认,为思想道德建设提供国家强制力保障

B. 科学立法和民主立法,可以将思想道德有机融入法律体系,让法治成为良法善治

C. 严格执法和公正司法，使思想道德要求在实践中得到切实遵循

D. 全民普法和全民守法，有助于增强人们信守法律的思想道德水平

【解】ABCD。本题考查法律对道德的作用。四个选项论述都正确。

13 思想道德为法律提供思想指引和价值基础，体现在（　　）。

A. 思想道德为法律的制定、发展和完善提供价值准则，是社会主义法律正当性和合理性的重要基础

B. 思想道德能够促进人们自觉尊法学法守法用法，维护法律权威

C. 思想道德调整社会关系的范围和方式更加广泛灵活，可以弥补法律调整的短板，与法律一道共同促进良好社会秩序的形成

D. 思想道德可以通过作为后盾的国家强制力，发挥惩罚作用、威慑作用，对公民和社会组织的行为进行约束

【解】ABC。本题考查道德对法律的作用。ABC 三个选项论述正确，D 选项中的思想道德应为法律。

14 法律是成文的道德，道德是内心的法律，法律和道德都具有规范社会行为、维护社会秩序的作用。以下既属于道德规范又是法律规范的是（　　）。

A. 爱国主义　　B. 诚实守信　　C. 尊重他人权利　　D. 男女平等

【解】ABCD。本题考查道德和法律的调节领域，四个选项在法律和道德中都有要求。

15 德主刑辅，是当前中国特色社会主义思想道德和法治建设的基本原则。（　　）

A. 正确　　B. 错误

【解】B。本题考查道德和法律的关系，在我国，社会主义思想道德建设和法治建设紧密联系，相互补充、相互促进，不存在德主刑辅的说法。

16 中国特色社会主义思想道德为中国特色社会主义法律提供制定基础。（　　）

A. 正确　　B. 错误

【解】A。本题考查道德对法律的作用，道德是基础。

17 中国特色社会主义法律为中国特色社会主义思想道德建设提供制度保障。（　　）

A. 正确　　B. 错误

【解】A。本题考查法律对道德的作用，法律是道德的保障。

18 全民普法和全民守法，有助于增强人们信守法律的思想道德水平。（　　）

A. 正确　　B. 错误

【解】A。本题考查法律对道德的作用，法律是道德的保障。

要点 2 ▶ 大学生应提升思想道德素质与法治素养

（1）思想道德素质和法治素养的内涵：

① 思想道德素质和法治素养，是思想政治素质、道德素质和法治素养的有机融合，是新时代大学生必须具备的基本素质。

② 思想道德素质是人们的思想观念、政治立场、价值取向、道德情操和行为习惯等方面品质和能力的综合体现。

③ 法治素养是指人们通过学习法律知识、理解法律本质、运用法治思维、依法维护权利与依法履行义务的品质和能力。法律必须转化为人们内心的自觉，才能真正为人们所遵循。

（2）提升思想道德素质和法治素养的原因：

① 人的本质是一切社会关系的总和。一个人要安身立命、成长成才、贡献社会，需要不断地调整自身与他人的关系，不断实现人的社会化。其中最为重要的就是要正确认识自己、认识他人、认识社会，学习掌握运用道德和法律规范，正确调整自己的行为。

② 是否具备良好的思想道德素质和法治素养，是一个人能否被社会接纳并实现自身价值和社会价值的关键。良好的思想道德素质和法治素养，是新时代大学生把握发展机遇、做好人生规划、书写时代华章的必备条件。

(3)提升思想道德素质和法治素养的方法：

良好的思想道德素质和法治素养，需要在学习中养成、自律中锤炼、实践中升华。

小试牛刀 5

19 (　　)是人们的思想观念、政治立场、价值取向、道德情操和行为习惯等方面品质和能力的综合体现，反映着一个人的思想境界和道德风貌。

A. 思想政治素质　　B. 道德素质　　C. 思想道德素质　　D. 法治素质

【解】C。本题考查思想道德素质的内涵，其中思想观念、政治立场、价值取向偏思想政治素质，道德情操和行为习惯偏道德素质。

20 思想道德素质和法律素养，是新时代大学生必须具备的基本素质。思想道德素质和法治素养是(　　)。

A. 德智体美的有机融合

B. 思想政治素质、道德素质和法治素养的有机融合

C. 人生目的、人生态度、人生价值的有机融合

D. 道德品格和法律意识的有机融合

【解】B。本题考查思想道德素质和法治素养的内涵，它是思想政治素质、道德素质和法治素养的有机融合。

21 在人的素质中，思想道德素质要高于法治素养，并起着主导作用。　(　　)

A. 正确　　B. 错误

【解】B。本题考查思想道德素质和法治素养。在我国，社会主义思想道德建设和法治建设紧密联系，相互补充、相互促进，因此两种素质不存在哪一种起主导作用的说法。

22 法治素养是指人们掌握和运用法律的品质和能力。　(　　)

A. 正确　　B. 错误

【解】A。本题考查法治素养的内涵。这句话是教材长定义的缩略，但符合原意。

23 人的本质是一切社会关系的总和，所以人一生中最重要的是与人搞好关系。　(　　)

A. 正确　　B. 错误

【解】B。本题考查提升思想道德素质和法治素养的原因。论述中，最为重要的就是要正确认识自己、认识他人、认识社会，学习掌握运用道德和法律规范，正确调整自己的行为。

24 有信念、有梦想、有奋斗、有奉献的人生，才是有意义的人生。　(　　)

A. 正确　　B. 错误

【解】A。本题考查时代新人的评价尺度。这句话论述正确。

25 做有理想有本领有担当的时代新人，必须具备良好的思想道德素质和法治素养。良好的思想道德素质和法治素养是大学生把握发展机遇、创造人生精彩的基础条件和宝贵资源，

它必须在(　　)。

A. 学习中养成　　B. 自省中扬弃

C. 自律中锤炼　　D. 实践中升华

【解】ACD。本题考查提升思想道德素质和法治素养的方法。在自省中扬弃不符合题意。

图例笔记与思考讨论

小节 1　图例笔记

要点 1 ▶ “十三五”经济社会发展成就

国力上台阶，发展开新局，民生增福祉。

要点 2 ▶ 党史上的青年英杰

杨靖宇、赵一曼、江姐、陈树湘、邱少云、雷锋、黄继光、刘胡兰、守岛英雄王继才、嫦娥团队、神舟团队、北岛团队等。

要点 3 ▶ 全面建设社会主义现代化国家分“两步走”的战略安排

第一个阶段，2020 年到 2035 年，在全面建成小康社会的基础上，再奋斗 15 年，基本实现社会主义现代化。

第二个阶段，2035 年到本世纪中叶，在基本实现社会主义现代化的基础上，再奋斗 15 年，把我国建成富强民主文明和谐美丽的社会主义现代化强国。

要点 4 ▶ 习近平讲法律和道德的关系

法律是成文的道德，道德是内心的法律。法律和道德都具有规范社会行为、调节社会关系、维护社会秩序的作用，在国家治理中都有其地位和功能。法安天下，德润人心。法律有效实施有赖于道德支持，道德践行也离不开法律约束。法治和德治不可分离、不可偏废，国家治理需要法律和道德协同发力。

小节 2　思考讨论

1. 请结合自身实际谈谈对新时代历史方位的理解。

【答】新时代是我们理解当前所处历史方位的关键词。

(1)中国特色社会主义进入新时代，意味着：

① 近代以来久经磨难的中华民族迎来了从站起来、富起来到强起来的伟大飞跃，迎来了实现中华民族伟大复兴的光明前景。

② 科学社会主义在 21 世纪的中国焕发出强大生机活力，在世界上高高举起了中国特色社会主义伟大旗帜。

③ 中国特色社会主义道路、理论、制度、文化不断发展，拓展了发展中国家走向现代化的途径，给世界上那些既希望加快发展又希望保持自身独立性的国家和民族提供了全新选择，为解决人类问题贡献了中国智慧和中国方案。

(2)这个新时代是：

① 承前启后、继往开来、在新的历史条件下继续夺取中国特色社会主义伟大胜利的时代。

② 决胜全面建成小康社会、进而全面建设社会主义现代化强国的时代。

③ 全国各族人民团结奋斗、不断创造美好生活、逐步实现全体人民共同富裕的时代。

④ 全体中华儿女勠力同心、奋力实现中华民族伟大复兴中国梦的时代。

⑤ 我国日益走近世界舞台中央、不断为人类作出更大贡献的时代。

2. 以史为镜，谈谈新时代大学生如何成为担当民族复兴大任的时代新人。

【答】新时代大学生要成为担当民族复兴大任的时代新人，要立大志、明大德、成大才、担大任，不断提升思想道德素质与法治素养，努力成为走在时代前列的奋进者、开拓者、奉献者，做有理想、有本领、有担当的时代新人。

(1)立大志，就是要有崇高的理想信念，牢记使命，自信自励。

(2)明大德，就是要锤炼高尚品格，崇德修身，启润青春。

(3)成大才，就是要有高强的本领才干，勤奋学习，全面发展。

(4)担大任，就是要有天下兴亡、匹夫有责的担当精神，讲求奉献，实干进取。

3. 结合自身实际，谈谈新时代大学生如何提升思想道德素质和法治素养。

【答】良好的思想道德素质和法治素养，需要在学习中养成、自律中锤炼、实践中升华。

(1)提升思想道德素质的方法：

① 要适应转变。我们应当尽快适应新的生活，提高独立生活能力，树立新的学习理念，培养优良学风。

② 要加强理论学习，尤其是学习学校开设的思政类课程，以此来提高思想认识，树立正确的世界观、人生观和价值观。

③ 要加强自律，积极内省。无论是待人接物，还是独处行事，我们都要严格要求自己，锤炼自我修养。

④ 要勇于实践，在实践中锤炼自己的思想道德素质。我们要从小事做起，从身边做起，积极引领社会风尚，通过积善成德、积少成多的方法培育优良的思想道德素质。

(2)提升法治素养的方法：

① 要尊重法律权威。

尊重法律权威，就是要信仰法律，对法律常怀敬畏之心；尊重法律权威，就是要遵守法律，要用实际行动捍卫法律尊严，保障法律实施；尊重法律权威，就是要服从法律，拥护法律的规定，接受法律的约束，履行法定的义务，服从依法进行的管理，承担相应的法律责任；尊重法律权威，就是要维护法律，争当法律权威的守望者、公平正义的守护者、具有良知的护法者。

② 要学习法律知识。

积极查阅法律书籍，了解法律法规条文方面的知识和法律法治基本原理方面的知识。

除了从书本上获取法律知识外，还可以通过收听收看法制广播电视节目、阅读法律类报纸杂志，尤其是运用网络等途径学习法律知识。

参与法治实践。现在，参与法治实践的方式和途径越来越多。一是参与立法讨论，二是旁听司法审判，三是参与模拟法庭、法律诊所、法律辩论等校园法治文化活动。

③ 要养成守法习惯。

增强规则意识。做事考虑是否合法可行，防止因头脑发热或心存侥幸而铸成大错。在学习和生活中，大学生应做到懂规矩、守规则、依规范，坚持依法办事。

守住法律底线。法律不能成为“橡皮泥”“稻草人”，大学生应当坚持从我做起，从身边做起，形成底线思维，严守法律底线，带头遵守法律。

④ 要提高用法能力。

学会用法维护自身权利。当自身的合法权益受到侵害或者威胁时，既要有遇事找法、解决问题用法、化解矛盾靠法的意识，又要掌握维护权利的途径和手段。

学会用法维护社会利益。对违法犯罪行为要敢于揭露、勇于抵制，消除袖手旁观、畏缩不前的恐惧心理，抵制遇事回避的惧法现象。

第一章　领悟人生真谛　把握人生方向

知识框架

- 领悟人生真谛 把握人生方向
  - 人生观是对人生的总看法
    - 正确认识人的本质
      - 青春之问
      - 人生观的内涵
      - 人的本质
      - 个人和社会的辩证关系
    - 人生观的主要内容
      - 人生观的形成与意义
      - 总的方面
      - 人生目的
      - 人生态度
      - 人生价值
      - （总的方面、人生目的、人生态度、人生价值：含义、意义与作用）
      - 三者相互间的关系
    - 人生观与世界观、价值观
      - 世界观
      - 价值观
      - 相互间的关系
  - 正确的人生观
    - 高尚的人生追求
      - 两种追求
      - 意义
    - 积极进取的人生态度——四个方面
    - 人生价值的评价与实现
      - 正确评价人生价值的原因、标准与方法
      - 人生价值的实现条件
  - 创造有意义的人生
    - 辩证对待人生矛盾——五个方面
    - 反对错误人生观
      - 总论
      - 三种错误的人生观
      - 对错误思想观念的分析
    - 成就出彩人生的方法

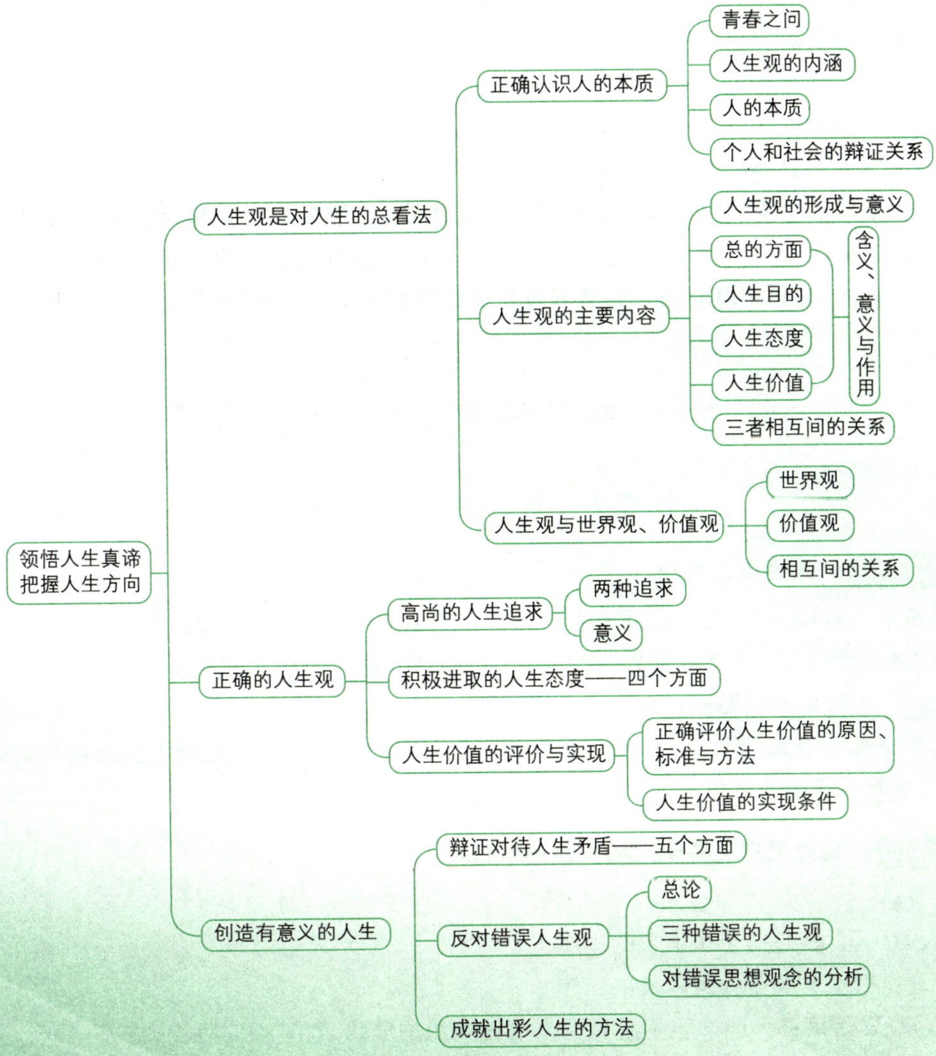

内容导学

本章共三节，主要阐述人生观、价值观，内容包括三个方面：一是人生观是对人生的总的看法；二是正确的人生观，落脚点是价值观，强调人生价值评价的根本尺度和标准以及评价方法；三是创造有意义的人生，主张辩证对待人生矛盾，自觉抵制错误观念，努力提升人生境界，成就出彩人生。大家复习时，可以尝试去找到以下几个问题的答案，并着重把握。

(1)什么是人生的青春之问？

(2)什么是人的本质？如何认识人的本质？

(3)人生观、世界观、价值观的内涵。

(4)世界观与人生观的关系。

(5)如何辩证看待人与社会之间的关系？

(6)什么是科学高尚的人生追求(人生目的)？

(7)积极进取的人生态度包含哪些方面？

(8)人生价值评价的根本尺度和标准。

(9)人生价值评价的具体方法。

(10)人生价值的实现条件。

(11)如何辩证对待人生矛盾？

(12)错误的人生观有哪些？共同特征是什么？

(13)大学生要怎样成就出彩人生？

本章要把握的主要知识点有五个：世界观、人生观、价值观的含义和相互关系；人生观的内在构成及内在关联，人生目的在人生观中的核心地位；人生价值的标准与评价，人生的自我价值与社会价值的关系；科学高尚的人生追求与积极进取的人生态度；树立正确的幸福观。

第一节　人生观是对人生的总看法

小节 1　正确认识人的本质

前置要点 ▶ 人生与人生观

(1)青春之问：怎样才能不虚度人生？怎样才能创造无愧于时代的人生？

(2)人生观内涵：人生观是世界观的重要组成部分，是人们在实践中形成的关于人生目的、人生态度、人生价值等问题的总观点和总看法。

(3)首先考量因素：思考人生，树立正确的人生观(领悟人生真谛，把握人生方向)，首先要对人和人的本质有科学的认识。

要点 1 ▶ 马克思主义关于人的本质的认识

(1)核心：

对人的认识，核心在于认识人的本质。

(2)马克思主义关于人的本质的认识：

① 马克思指出："人的本质不是单个人所固有的抽象物，在其现实性上，它是一切社会关系

的总和。”

② 人区别于动物的属性：带有社会文化色彩的自然属性（肉体存在及其特性、本能）；社会属性（社会实践中人与人之间的关系、本质）；精神属性。

③ 任何人都是处在一定的社会关系中从事社会实践活动的人。从人所具有的自然属性和社会属性来看，决定人的本质属性的是人的社会性。每一个人从来到人世的那天起，就从属于一定的社会群体，同周围的人发生各种各样的社会关系。人们正是在这种客观的、不断变化的社会关系中塑造自我，成为真正现实的、具有个性特征的人。社会属性是人的本质属性，人的自然属性也深深打上了社会属性的烙印。人的社会关系的总和决定了人的本质。

④ 如何认识人的本质：人的本质是变化发展着的。

人的本质具有历史性，人的本质随着历史的发展而发展和丰富。

人的本质是在实践过程中体现和发展的。

认识人的本质，只能立足于具体的、历史的社会关系中从事社会实践的人，而不能从抽象的人性论出发，更不能依靠所谓神的启示。

⑤ 人的全面自由发展的人生价值观：马克思在对人性、人的本质、人的发展与社会发展的探讨过程中，形成了人的全面自由发展的人生价值观。

人的劳动能力全面发展→人的社会关系的全面发展→人的全面自由发展。

小试牛刀1

1 领悟人生真谛，首先要对“人是什么”有一个科学的认识。对人的认识，核心在于认识（ ）。

A. 人的起源　　B. 人的本质　　C. 人的实践　　D. 人的属性

【解】B。本题考查马克思主义关于人的本质的认识。对人的认识，核心在于认识人的本质。

2 “人的本质不是单个人所固有的抽象物，在其现实性上，它是一切社会关系的总和。”这句话说明（ ）。

A. 自然属性是人的本质属性

B. 社会属性是人的本质属性

C. 自然属性和社会属性都是人的本质属性

D. 自然属性和社会属性都不是人的本质属性

【解】B。本题考查马克思主义关于人的本质的认识。上述论述主要在表达社会属性是人的本质属性。

3 人的自然属性是人的本质属性。 （ ）

A. 正确　　B. 错误

【解】B。本题考查马克思主义关于人的本质的认识。社会属性是人的本质属性。

4 人的本质不是单个人所固有的抽象物，它决定了人的社会关系总和。 （ ）

A. 正确　　B. 错误

【解】B。本题考查马克思主义关于人的本质的认识。人的社会关系总和决定了人的本质。

要点2 个人与社会的辩证关系

(1)关系总的方面：

人是社会的人，社会是人们相互交往的产物，是人类生活的共同体，人生的内容与社会活动密不可分。**个人与社会的关系问题是认识和处理人生问题的重要着眼点和出发点。**

(2)关系:对立统一。

个人与社会是对立统一的关系,两者相互依存、相互制约、相互促进。社会是由一个个具体的人组成的,离开了人就没有社会,社会是人的存在形式。同时,人是社会的人,离开了社会人也无法生活。社会成员素质的不断提高是社会发展的重要基础,推动和实现人的全面发展是社会发展的根本目标。

(3)关系的最根本之处:利益关系。

个人与社会的关系,最根本的是个人利益与社会利益的关系。社会需要是个人需要的集中体现,是社会全体成员带有根本性、全局性、长远性需要的反映。个人利益的满足只能是在一定的社会条件下,通过一定的社会方式来实现。在社会主义社会中,个人利益与社会利益在根本上是一致的。社会利益离不开个人利益,个人利益也离不开社会利益。社会利益不是个人利益的简单相加,而是所有人利益的有机统一。**社会利益体现了作为社会成员的个人的根本利益和长远利益,是个人利益得以实现的前提和基础,同时它也保障着个人利益的实现。**

(4)关系的启示

人的社会性决定了人只有在推动社会进步的过程中,才能实现自我的发展。应该正确认识和处理个人与社会的关系,把小我和大我更好地统一起来,把自己的人生追求同社会的发展进步紧密结合起来,在为社会作贡献的过程中成长进步,实现自己的人生价值。

小试牛刀 2

5 认识和处理人生问题的重要着眼点和出发点是(　　)。

A. 个人与群众的关系问题　　B. 个人与社会的关系问题

C. 个人与国家的关系问题　　D. 个人与集体的关系问题

【解】B。本题考查个人与社会的辩证关系。认识和处理人生问题的重要着眼点和出发点是个人与社会的关系问题。

6 个人与社会的关系,最根本的是(　　)。

A. 人的自然属性与社会属性的关系　　B. 个人需要与社会需要的关系

C. 享受个人权利与承担社会责任的关系　　D. 个人利益与社会利益的关系

【解】D。本题考查个人与社会的辩证关系。个人与社会的关系,最根本的是个人利益与社会利益的关系。

7 社会需要是个人需要的集中体现,是社会全体成员带有根本性、全局性、长远性需要的反映。(　　)

A. 正确　　B. 错误

【解】A。本题考查个人与社会的辩证关系中的社会需要。论述正确。

8 个人与社会的关系,最根本的是个人利益与社会利益的关系。社会利益是(　　)。

A. 所有人利益的相加

B. 作为社会成员的个人的根本利益和长远利益的体现

C. 个人利益得以实现的前提和基础,保障着个人利益的实现

D. 所有人利益的有机统一

【解】BCD。本题考查个人与社会的辩证关系中的社会利益。社会利益不是个人利益的简单相加,故 A 选项错误,BCD 三个选项论述正确。

小节 2　人生观的主要内容

要点 1　人生观的形成与意义

(1)形成:在一定的社会历史条件下,人们实践人生、感悟人生,形成相应的人生观。

(2)意义:人生观决定着人生道路的方向,也决定着人们行为选择的价值取向和利用什么样的方式对待实际生活。有什么样的人生观就会有什么样的人生。

要点 2　人生观的主要内容

(1)总的方面:

人生观的主要内容包括对人生目的、人生态度、人生价值等问题的根本看法。

人生目的回答人为什么活着,人生态度回答人应当如何活着,人生价值回答什么样的人生才有价值。这三个方面相互联系、相辅相成,是一个有机的整体。

(2)人生目的:

① 含义:人生目的是人们在社会实践中关于自身行为的根本指向和人生追求。

② 意义:人生目的是对人为什么活着这一人生根本问题的认识和回答,是人生观的核心,在人生实践中具有重要作用。

③ 作用:人生目的决定人生道路。人生目的规定了人生的方向,对人们所从事的具体活动起着定向的作用。人生目的决定人生态度。人生目的决定人生价值选择。正确的人生目的会使人懂得人生的价值首先在于奉献。

(3)人生态度:

① 含义:所谓人生态度,是指人们通过生活实践形成的对人生问题的一种稳定的心理倾向和精神状态。

② 与人生观的关系:人生观决定人生态度。一个人有什么样的人生观就会有什么样的人生态度。

人生态度影响(反作用)人生观。一个人对人生的态度,往往又会制约着他对整个世界和人生的看法,从而对个人的世界观、人生观产生重要的影响。

(4)人生价值:

① 含义:人生价值是人的生命及其实践活动对于社会和个人所具有的作用和意义,是一种特殊价值。人生价值判定一个具体人生的价值和意义。

② 内容:

分类:人生价值内在地包含了人生的自我价值和社会价值两个方面

内涵:人生的自我价值是个体的人生活动对自己的生存和发展所具有的价值,主要表现为对自身物质和精神需要的满足程度。人生的社会价值,是个体的实践活动对社会、他人所具有的价值。

二者关系:人生的自我价值和社会价值,既相互区别,又密切联系、相互依存。一方面,人生的自我价值是个体生存和发展的必要条件,人生的自我价值的实现是个体为社会创造更大价值的前提。个体的人生活动不仅具有满足自我需要的价值属性,还必然地包含着满足社会需要的价值属性。个体通过努力提高自我价值的过程,也是其创造社会价值的过程。另一方面,人生的社会价值是社会存在和发展的重要条件,人生社会价值的实现是个体自我完善、全面发展的保障。没有社会价值，人生的自我价值就无法存在。

(5)人生观三部分的关系：

人生目的、人生态度、人生价值三者相互影响、紧密关联。其中，人生目的决定着人们对待实际生活的态度和人生价值的评判，人生态度影响着人们对人生目的的持守和人生价值的实现，人生价值制约着人生目的和人生态度的选择。

小试牛刀 3

9 人生的目的是人在人生实践中关于自身行为的根本指向和人生追求，它所认识和回答的根本问题是(　　)。

A. 人为什么活着　　B. 人如何对待生活

C. 怎样对待人生境遇　　D. 怎样选择人生道路

【解】A。本题考查人生目的。人生目的是对人为什么活着这一人生根本问题的认识和回答。

10 人生价值是一种特殊的价值，是人的生活实践对于社会和个人所具有的作用和意义。人生价值包含了人生的自我价值和社会价值两个方面。下列关于社会价值和自我价值的说法正确的是(　　)。

A. 人生的自我价值是指个人对社会的责任和贡献

B. 一个人社会价值的大小与他对社会的贡献无关

C. 人生的自我价值和社会价值共同构成了人生价值的矛盾统一体

D. 人生的社会价值是个体的人生活动对自己生存和发展所具有的价值

【解】C。本题考查人生价值的两个方面。自我价值侧重自我，故A选项错误。社会价值侧重社会，故BD两个选项错误。因此，C选项论述正确。

11 (　　)是指人的生命及其实践活动对于社会和个人所具有的作用和意义。

A. 人生观　　B. 人生目的

C. 人生态度　　D. 人生价值

【解】D。本题考查人生价值的概念。D选项正确。

12 人生态度与人生目的、人生价值的关系是(　　)。

A. 人生态度与人生目的、人生价值无关

B. 人生态度既受人生目的、人生价值的决定，又影响人生目的、人生价值的实现

C. 人生态度决定人生价值

D. 人生态度决定人生目的

【解】B。本题考查人生观三部分的关系。人生目的决定人生态度和人生价值的选择，人生态度影响着人们对人生目的的持守和人生价值的实现。因此，只有B选项正确。

13 人生价值是人生观的核心，在人生实践中具有重要的作用。　　(　　)

A. 正确　　B. 错误

【解】B。本题考查人生观的核心，人生目的是人生观的核心。论述错误。

14 人生目的是人生观的核心，这是因为(　　)。

A. 人生目的决定人生道路　　B. 人生目的决定人生态度

C. 人生目的决定人生价值选择　　D. 人生目的决定人的本质

【解】ABC。本题考查人生目的的作用。前三个选项正确；D选项错误，人的社会关系的总和决定了人的本质。

小节 3　人生观与世界观、价值观

要点 1 ▶ 人生观与世界观

(1)世界观:

世界观是人们对生活在其中的世界以及人与世界的关系的总体看法和根本观点,来源于人的生产和生活实践。

(2)关系:

人生观与世界观有密切的关系。世界观决定人生观,有什么样的世界观,就会有什么样的人生观。对人生意义的正确理解,需要建立在对客观世界发展规律正确认识的基础之上。同时,人生观又对世界观的巩固、发展和变化起着重要作用。

小试牛刀 4

15 关于人生观与世界观的关系,以下说法错误的是(　　)。

A. 人生观是世界观在对待人生问题上的具体体现

B. 正确的人生观是正确世界观的基础

C. 人生观对世界观的巩固、发展和变化起着重要的作用

D. 有什么样的世界观,就有什么样的人生观

【解】B。本题考查人生观与世界观的关系。世界观是基础,决定人生观;人生观是世界观的体现,反作用于世界观。因此,ACD 选项正确,B 选项错误。

16 世界观决定人生观,人生观从属于世界观,所以,一个人的人生观发生改变,对世界观不会产生影响。(　　)

A. 正确　　　　B. 错误

【解】B。本题考查人生观与世界观的关系。该论述前半段正确,后半段错误,这是因为人生观反作用于世界观。

17 正确的人生观是正确的世界观的基础,世界观从属于人生观。(　　)

A. 正确　　　　B. 错误

【解】B。本题考查人生观与世界观的关系。世界观是基础,人生观从属于世界观。因此,该论述错误。

要点 2 ▶ 人生观与价值观

价值观是人们关于价值的根本观点,对于人生观的形成和发展有重要的引导作用。价值观为人生在社会生活中的各种判断提供基本准则。

第二节　正确的人生观

小节 1　高尚的人生追求

要点 1 ▶ 什么是高尚的人生追求

(1)最先进追求:

"服务人民、奉献社会"的思想以其科学而高尚的品质,代表了人类社会迄今最先进的人生追求。实例:张桂梅(40余年扎根边疆,用教育为女孩们筑梦)、王进喜(大庆"油田铁人")、张思德(毛泽东《为人民服务》的主人公)。

(2)原因:

人民群众是社会历史的主体,是社会物质财富和精神财富的创造者,是社会变革的决定力量,是历史的创造者。

(3)最高追求:

新时代大学生要把为国家和人民事业无私奉献作为人生的最高追求。

要点2 ▶ 确立最先进人生追求的意义

一个人确立了服务人民、奉献社会的人生追求,才能:

(1)清楚地把握人生的奋斗目标,深刻理解人为了什么而活、应走什么样的人生之路等道理。

(2)以正确的人生态度对待人生、解决实际生活中的各种问题,以人民利益为重,始终对祖国和人民具有高度的责任感,在服务人民、奉献社会中实现自己的人生价值。

(3)掌握正确的人生价值标准,才能懂得人生的价值首先在于奉献,自觉用真善美来塑造自己,不断培养高洁的操行和纯朴的情感,努力使自己成为一个高尚的人。

服务人民、奉献社会的人生追求,体现的是对人的本质的深刻理解,明白人是彼此独立又相互依存的社会化存在,体现了人的需要的多层次性,反映了人的超越性,它使人能活得精神辽阔、内涵丰富,懂得为何而活,懂得如何生活。

小试牛刀1

1 (　　)的思想以其科学而高尚的品质,代表了人类社会迄今为止最先进的人生追求。

A."人生在世、吃喝玩乐"　　B."生当作人杰、死亦为鬼雄"

C."服务人民、奉献社会"　　D.追逐名利的人生观

【解】C。本题考查高尚的人生追求。最先进的人生追求是"服务人民、奉献社会"。

2 复旦大学生命科学学院教授钟扬胸怀科技报国理想,长期致力于生物多样性研究和保护,率团队在青藏高原为国家种质库收集了数千万颗植物种子;他艰苦援藏16年,足迹遍布西藏最偏远、最艰苦的地区,为西部少数民族地区的人才培养、学科建设和科学研究作出了重要贡献。2017年9月25日,钟扬在赴内蒙古为民族干部授课途中遭遇车祸,不幸逝世,年仅53岁。高尚的人生目的总是与奋斗奉献联系在一起。钟扬的一生体现了"服务人民、奉献社会"的高尚品质。确立服务人民、奉献社会的高尚的人生追求,才能(　　)。

A.清楚地把握人的生命历程和奋斗目标

B.以正确的人生态度对待人生、解决实际生活中的各种问题

C.掌握正确的人生价值标准

D.懂得人生的价值首先在于奉献

【解】ABCD。本题考查最先进的人生追求的意义。最先进的人生追求的意义体现在"三个才能",四个选项都是其中的论述。

小节 2　积极进取的人生态度

要点 ▶ 什么是积极进取的人生态度

（1）人生须认真。既要清醒地看待生活，又要积极认真地面对生活。马克思主义的幸福观：人的需要是幸福的内动力；人的自由全面发展是幸福的目标；劳动和创造是幸福的源泉；奉献是幸福的必要途径；共产主义是马克思幸福观的最高境界。

（2）人生当务实。要坚持实事求是的基本原则。

（3）人生应乐观。乐观的态度是人们承受困难和挫折的心理基础。

（4）人生要进取。人生如逆水行舟，不进则退。

小试牛刀 2

3 在人生实践中会遇到各种各样的矛盾和困难，人生态度应当是（　　）。

A. 人生须认真　　B. 人生当务实　　C. 人生应乐观　　D. 人生要进取

【解】ABCD。本题考查积极进取的人生态度。认真、务实、乐观、进取是积极进取的人生态度的四个方面。

小节 3　人生价值的评价与实现

要点 1 ▶ 正确评价人生价值

（1）原因：

对人生价值及其相关问题的正确认识，是人们自觉朝着选定的目标努力前行，创造有价值的人生的重要前提。

（2）标准：

评价人生价值的根本尺度，是看一个人的实践活动是否符合社会发展的客观规律，是否促进了历史的进步。在今天，衡量人生价值的标准，最重要的就是看一个人是否用自己的劳动和聪明才智为国家和社会真诚奉献，为人民群众尽心尽力服务。

（3）方法：

客观、公正、准确地评价社会成员人生价值的大小，除了要掌握科学的标准外，还需要掌握恰当的评价方法。

① 既要看贡献的大小，也要看尽力的程度。评价一个人的人生有无价值或价值大小，最根本的是看他对社会是否作出贡献及贡献的大小。同时，也要看尽力的程度，能力有大小，贡献须尽力。

② 既要尊重物质贡献，也要尊重精神贡献。人的生产劳动是物质生产劳动与精神生产劳动的统一，一定条件下，两种生产劳动成功还可以相互转化。社会的发展与进步是物质文明和精神文明的共同发展与进步。

③ 既要注重社会贡献，也要注重自身完善。人生的社会价值是实现人生自我价值的基础，评价人生价值的大小应主要看一个人对社会所作的贡献。人的自我完善和全面发展、人生自我价值的实现，是社会发展的根本目标；而人生自我价值的实现，又有助于个体为社会创造更大价值。

小试牛刀 3

4 社会主义核心价值观，为人们确定和实现人生价值提供了基本遵循。人生价值评价主要是看个人的人生活动是否符合社会的客观规律，其评价的根本尺度是（　　）。

A. 历史标准　　B. 政治标准

C. 经济标准　　D. 文化标准

【解】A。本题考查评价人生价值的标准。着重看是否促进了历史的进步，这是一个历史标准。

5 钱学森曾经说过："我作为一名中国的科技工作者，活着的目的就是为人民服务，如果人民最后对我的一生所做的工作表示满意的话，那才是最高的奖赏。"这说明评价人生价值的根本尺度是（　　）。

A. 个体在社会中的地位　　B. 个体在社会中的影响

C. 个体对社会和他人的生存和发展的贡献　　D. 个体从社会获得的满足程度

【解】C。本题考查评价人生价值的标准。评价人生价值的根本尺度，是看一个人的实践活动是否符合社会发展的客观规律，是否促进了历史的进步。只有 C 选项所表达的意思与之相近。

6 爱因斯坦说过："一个人的价值，应该看他贡献什么，而不应当看他取得什么。"这句话的启示是（　　）。

A. 人的自我价值是无足轻重的　　B. 人的自我价值与社会价值不能同时实现

C. 社会价值是人的唯一价值　　D. 人的价值在于奉献而不在于索取

【解】D。本题考查人生价值及其评价标准。爱因斯坦的这句话，含义是人的价值在于奉献而不在于索取，因此 D 正确。人生价值包含人生的自我价值和人生的社会价值两个方面，故 C 错误。人生的自我价值的实现是个体为社会创造更大价值的前提，不是无足轻重的，故 A 错误。人生的自我价值和社会价值相互依存，实现了人生的社会价值，自然也同时实现了人生的自我价值，故 B 错误。

7 爱因斯坦说，人只有献身于社会，才能找出那短暂而有风险的生命的意义。这句话有助于我们正确理解人生价值的标准。人生价值评价的根本尺度，是看一个人的（　　）。

A. 劳动以及通过劳动对社会和他人作出的贡献

B. 个人社会地位的高低

C. 个人成绩的大小

D. 实践活动是否符合社会发展的客观规律，是否促进了历史的进步

【解】D。本题考查评价人生价值的标准。评价人生价值的根本尺度，是看一个人的实践活动是否符合社会发展的客观规律，是否促进了历史的进步。因此选 D。A 选项包含了劳动本身，这不应成为评价人生价值的标准，故错误。

8 人的自我完善和全面发展、人生自我价值的实现，是社会发展的基础目标。（　　）

A. 正确　　B. 错误

【解】B。本题考查正确评价人生价值的方法中注重自身完善的部分。实现人的全面发展是社会发展的根本目标。因此，题干论述错误，"基础目标"应改为"根本目标"。

9 在今天，衡量人生价值的标准，最重要的就是看一个人是否用自己的劳动和聪明才智为国家和社会真诚奉献，为人民群众尽心尽力服务。（　　）

A. 正确　　B. 错误

【解】A。本题考查评价人生价值的标准。论述正确。

10 马克思说:“人是最名副其实的政治动物,不仅是一种合群的动物,而且是只有在社会中才能独立的动物。”就人生价值而言,这说明,人生价值应包括社会价值和自我价值两个方面。对人生价值认识正确的是(　　)。

A. 人生自我价值的实现是个体为社会创造更大价值的前提

B. 人生社会价值的实现是个体自我完善、全面发展的保障

C. 没有社会价值,人生的自我价值就无法存在

D. 衡量人生社会价值的标准是社会对自我的满足程度

【解】ABC。本题考查人生价值及其评价标准。人生价值包含人生的自我价值和人生的社会价值两个方面,二者是相互依存的关系,自我价值是前提,社会价值是保障,没有社会价值,自我价值就不存在。因此,前三个选项都正确。评价人生的社会价值,标准应该是人对社会的贡献,而不应是社会对自我的满足程度,故D错误。

11 廖俊波生前系福建省南平市委常委、副市长、武夷新区党工委书记。2015年荣获“全国优秀县委书记”称号。2017年3月18日晚,廖俊波同志在赶往武夷新区主持召开会议途中不幸发生车祸,因公殉职。廖俊波同志任职期间,牢记党的嘱托,尽心尽责,带领当地干部群众扑下身子、苦干实干,以实际行动体现了对党忠诚、心系群众、忘我工作、无私奉献的优秀品质。3月24日是廖俊波出殡的日子。他家楼下的路上,送别的人群将前后数十里的街道挤得水泄不通。人民群众对廖俊波的怀念告诉我们(　　)。

A. 评价人生价值的根本尺度,是看一个人的实践活动是否符合社会发展的客观规律,是否促进了历史的进步

B. 社会价值的实现总是以个人价值的牺牲为代价

C. 社会对于个人的价值评判主要是以个人对国家和社会所作的奉献为衡量标准

D. 一个人对社会和他人所作的贡献越大,他在社会中获得的人生价值的评价就越高

【解】ACD。本题考查评价人生价值的标准。ACD三个选项与教材论述一致,故正确。人生的社会价值的实现,绝不以牺牲人生的自我价值为前提,恰恰相反,社会价值的实现是自我价值实现的保障。因此,B选项错误。

12 比较客观、公正、准确地评价社会成员人生价值的大小,除了要掌握科学的标准外,还需要掌握恰当的评价方法:(　　)。

A. 既要看贡献的大小,也要看尽力的程度　　B. 不仅尊重物质贡献,而且尊重精神贡献

C. 不光注重社会贡献,还得注重自身完善　　D. 既要摆正个人地位,也要突出社会影响

【解】ABC。本题考查正确评价人生价值的方法。前三个选项与教材论述一致,故正确。个人地位与社会影响和能否有人生价值无关,故不应入正确评价人生价值的方法之列。

要点2 人生价值的实现条件

任何人都只能在一定的主客观条件下去实现自己的人生价值。因此,正确把握人生价值实现的条件至关重要。

(1)实现人生价值要从社会客观条件出发。

(2)实现人生价值要从个体自身条件出发。

(3)**不断增强实现人生价值的能力和本领。**个人的主观努力,在相当大程度上决定着人生价值实现的程度。

小试牛刀4

13 实现人生价值主要应从个人自身条件出发,不断增强能力和本领。（　　）

A. 正确　　　　B. 错误

【解】B。本题考查人生价值的实现条件。人生价值的实现要从社会客观条件和个人自身条件两方面出发,不断增强实现人生价值的能力和本领。主要从个人自身条件出发是片面的。

第三节　创造有意义的人生

小节1　辩证对待人生矛盾

要点 ▶ 如何辩证对待人生矛盾

“看似寻常最崎岖,成如容易却艰辛”启示我们要辩证对待人生矛盾。

(1)**正确看待得与失。**首先,不要过于看重一时的“得”;其次,不要惧怕或斤斤计较一时的“失”;最后,跳出对个人得失的计较。

(2)**正确看待苦与乐。**苦与乐既对立又统一,在一定条件下可以相互转化。

(3)**正确看待顺与逆。**无论是顺境还是逆境,对人生的作用都是双向的,关键是怎样认识和对待它们。

(4)**正确看待生与死。**生命宝贵、人生紧迫,尽管人的生命是有限的,但生命的价值是无限的。

(5)**正确看待荣与辱。**荣辱观是人们对荣辱问题的根本看法和态度,是一定社会思想道德原则、规范的体现和表达,对个人的思想行为具有鲜明的导向和调节作用。

小试牛刀1

1 “塞翁失马,焉知非福”,这句话对我们辩证对待人生矛盾的启示是(　　)。

A. 不要拘泥于个人利益的得失

B. 不要满足于一时的得

C. 不要惧怕一时的失

D. 要树立正确的幸福观

【解】C。本题考查辩证对待人生矛盾的方法中的正确看待得与失。“塞翁失马,焉知非福”说的是失可能变成得,这在启示我们不要惧怕一时的失。

2 辩证对待人生矛盾,要树立正确的荣辱观。中国古人向来注重荣与辱。以下名言体现出中国古人注重荣与辱的有(　　)。

A.“知耻近乎勇”　　　　B.“无羞恶之心,非人也”

C.“礼义廉耻,国之四维”　　　　D.“舍生取义”

【解】ABC。本题考查辩证对待人生矛盾的方法中的正确看待荣与辱。前三个选项都和荣辱有关,而D选项是正确看待生与死的问题。因此选ABC。

小节 2　反对错误人生观

要点 1 总论

树立科学高尚的人生观、价值观，必须反对拜金主义、享乐主义、极端个人主义等错误的人生观。拜金主义、享乐主义、极端个人主义等错误的人生观，没有正确把握个人与社会的辩证关系，忽视或否认社会性是人的存在和活动的本质属性，对人的需要的理解极端、狭隘和片面，其出发点和落脚点都是一己之私利。

要点 2 拜金主义

拜金主义是一种认为金钱可以主宰一切，把追求金钱作为人生至高目的的思想观念。

小试牛刀 2

3 （　　）认为金钱可以主宰一切，把追求金钱作为人生至高目的。

A. 拜金主义　　　　B. 享乐主义

C. 极端个人主义　　　　D. 物质主义

【解】A。本题考查拜金主义的概念。

要点 3 正确区分正当享受与享乐主义

（1）享受是人们在物质生活和精神生活上得到满足。人们通过自己劳动获得的物质和精神方面的满足是正当的。物质生活的享受与精神生活的享受是统一的。

（2）享乐主义是把物质上无止境的个人满足作为享受的全部内容和生活的唯一目的。仅凭感官的快乐和满足就能使人幸福，把物质生活需要和精神生活需要割裂开来，把享受与劳动对立起来。

因此，正当享受与享乐主义不是一回事。

要点 4 个人主义与极端个人主义

（1）个人主义是以个人利益为出发点和归宿的一种思想体系和道德原则，它主张个人本身就是目的，具有最高价值，社会和他人只是达到个人目的的手段。个人主义是西方所能选择的最好的伦理原则，是西方价值观的核心和“第一语言”。

（2）极端个人主义是个人主义的一种表现形式，它突出强调以个人为中心，在个人与他人、个人与社会的关系上表现为极端利己主义和狭隘功利主义。

（3）极端个人主义思潮的出现，是封建残余思想与西方资产阶级腐朽思想的反映。

要点 5 对错误思想观念的分析

（1）造成错误思想观念的根本原因：

造成这些错误思想观念的根本原因是割裂了个人与社会、贡献与索取的关系。忽略贡献与索取是相辅相成的两个方面，片面强调索取，只讲索取权利，不讲贡献。

（2）共同特征：

① 它们都表达了剥削阶级的人生观对人生目的的主张，反映的都是剥削阶级的腐朽观念，不可能具有劳动人民的宽广胸怀和远大志向，更不能代表人民群众的利益。

② 它们都没有把握个人和社会的正确关系，忽视或否认社会性是人的存在活动的本质属性，它们讨论人生问题的出发点和落脚点都是偏狭的一己私利。

③ 它们对人的需要的理解是片面的，夸大了人生的某方面需要，而无视人的全面性和人生的整体需要。

小试牛刀 3

4 我们要树立科学高尚的人生观，坚决抵制拜金主义、享乐主义和极端个人主义的错误人生观。 （ ）

A. 正确　　B. 错误

【解】A。本题考查错误的人生观。论述正确。

小节 3　成就出彩人生

要点 ▶ 成就出彩人生的方法

只有把自己的小我融入祖国的大我、人民的大我之中，与历史同向、与祖国同行、与人民同在，才能更好地实现人生价值、升华人生境界。

(1) 与历史同向。当代大学生要正确认识世界和中国的发展大势，尊重并顺应历史的选择和人民的选择，准确把握我国发展所处的重要战略机遇期，提升民族自信心，增强时代责任感，与历史同步伐，与时代共命运。

(2) 与祖国同行。青年只有自觉将人生目标同国家和民族的前途命运紧紧联系在一起，才能最大限度地实现人生价值。当代大学生要正确认识国家和民族赋予其的历史使命和时代责任，自觉与国家和民族共奋进、同发展。

(3) 与人民同在。人民群众是历史的创造者，是国家的主人。只有走与人民群众相结合的道路，向人民群众学习，从人民群众中汲取营养，做最广大人民群众根本利益的维护者，才能使自己的人生大有作为。

(4) 在实践中创造人生价值。社会实践是实现人生价值的必由之路。要坚持理论联系实际，积极投身社会实践，在实践中发现新知、运用真知，在解决实际问题中增长才干。只有将所学服务于正确的人生价值，在踏踏实实的劳动创造中，才能实现最大的人生价值。

小试牛刀 4

5 当代大学生担当新时代赋予的历史责任，应当与历史同向，与祖国同在，与人民同行，在服务人民、奉献社会的实践中创造有意义的人生。 （ ）

A. 正确　　B. 错误

【解】B。本题考查成就出彩人生的方法。“与历史同向，与祖国同在，与人民同行”要改为“与历史同向，与祖国同行，与人民同在”，动词位置不能轮换。历史要同向，发展大势顺之可为；祖国要同行，命运相连方有可为；人民要同在，融入其中大有可为。

图例笔记与思考讨论

小节 1　图例笔记

要点 1 ▶ 服务人民、奉献社会的人生追求是否合适？

在现实生活中有人提出这样的疑惑:社会主义市场经济条件下,讲究的是按劳分配、等价交换,在这种背景下倡导服务人民、奉献社会的人生追求是否合适?换言之,服务人民、奉献社会的人生追求是否过时了?

社会主义市场经济鼓励人们追求个人的正当利益,因为只有各市场主体的正当利益得到满足,经济才更有活力。但同时,各市场主体正当利益的满足,不仅有赖于其他人的劳动和付出,而且需要公平有序的市场环境。只有每个个体尽心尽力地为他人、为社会付出应有劳动,才能保证社会主义市场经济的良好运行,个体也才能在为社会发展进步作贡献的同时满足自身利益。因此,服务人民、奉献社会的人生追求与社会主义市场经济并不矛盾,并未过时。

要点 2 当代青年能否选择"躺平"?

近年来,"躺平"在年轻人的社交网络上成为一个热词。关于"躺平"一词的确切含义,目前并未形成共识,甚至还有较大争议。"躺平"作为一种生活态度,往往与年轻人在压力面前主动选择放弃、回避与退却有关。个人在法律和道德允许的范围内选择自己生活方式的权利应受到尊重,但当代青年也应深入思考能否把"躺平"作为生活方式和人生道路来选择。

人们在成长的过程中,总会面临各种各样的现实压力,甚至还会遭遇挫折,以"躺平"的方式主动退缩、选择放弃,无益于解决问题,甚至会使问题更加复杂和严重。唯有树立积极面对、主动进取的人生态度,才能克服前进道路上的种种困难。当代青年正处于探索与奋斗的大好时期,应该发扬自强不息、百折不挠的精神,保持年轻人的蓬勃朝气、昂扬锐气,在创新创造、不断奋斗中,成长为实现中华民族伟大复兴的先锋力量。

要点 3 消费越多,人生就越幸福吗?

有人认为,人生的意义体现为消费的质和量,消费得越多,人生就越幸福。这属于消费主义思潮的一种观点,这种观点是错误的。从人生观层面来看,消费主义思潮把占有和消费物质产品作为个人自我满足和快乐的第一位要求,通过物质的占有和消耗来达到心理上的满足、感官上的享受,把消费当作人生的终极目标,把消费看作人生最大的幸福。受消费主义思潮影响,一些人会产生错误的想法和做法:一是出现超前消费、攀比消费等非理性消费行为;二是产生错误的价值观,表现为贪图享乐、爱慕虚荣、功利心作祟等;三是产生错误的认同倾向,表现为通过消费来"从众"或"立异";四是过度被动消费,影响正常工作生活。

小节 2 思考讨论

1. 马克思主义认为,个人与社会是辩证统一的,据此谈谈人生的自我价值与社会价值的关系。

【答】(1)社会是由一个个具体的人组成的,离开了人就没有社会,社会是人的存在形式。同时,人是社会的人,离开了社会人也无法生活。社会利益体现了作为社会成员的个人的根本利益和长远利益,是个人利益得以实现的前提和基础,同时它也保障着个人利益的实现。人的社会性决定了人只有在推动社会进步的过程中才能实现自我的发展。

(2)人生价值内在地包含了人生的自我价值和社会价值两个方面。人生的自我价值是个体的人生活动对自己的生存和发展所具有的价值,主要表现为对自身物质和精神需要的满足程度。人生的社会价值,是个体的实践活动对社会、他人所具有的价值。

(3)人生的自我价值和社会价值,既相互区别,又密切联系、相互依存。一方面,人生的自我价值是个体生存和发展的必要条件，人生的自我价值的实现是个体为社会创造更大价值的前提。个体的人生活动不仅具有满足自我需要的价值属性，还必然地包含着满足社会需要的价值属性。个体通过努力提高自我价值的过程，也是其创造社会价值的过程。另一方面，人生的社会价值是社会存在和发展的重要条件，人生社会价值的实现是个体自我完善、全面发展的保障。没有社会价值，人生的自我价值就无法存在。

2. 人的一生中总会遭遇各种各样的困难和挑战，如何正确认识和处理人生矛盾？

【答】(1)正确看待得与失。首先，不要过于看重一时的“得”；其次，不要惧怕或斤斤计较一时的“失”；最后，跳出对个人得失的计较。

(2)正确看待苦与乐。苦与乐既对立又统一，在一定条件下可以相互转化。

(3)正确看待顺与逆。无论是顺境还是逆境，对人生的作用都是双向的，关键是怎样认识和对待它们。

(4)正确看待生与死。生命宝贵、人生紧迫，尽管人的生命是有限的，但生命的价值是无限的。

(5)正确看待荣与辱。荣辱观是人们对荣辱问题的根本看法和态度，是一定社会思想道德原则、规范的体现和表达，对个人的思想行为具有鲜明的导向和调节作用。

3. 新时代是奋斗者的时代，只有奋斗的人生才称得上幸福的人生。新时代大学生如何成就出彩人生？

【答】只有把自己的小我融入祖国的大我、人民的大我之中，与历史同向、与祖国同行、与人民同在，才能更好地实现人生价值、升华人生境界。

(1)与历史同向。当代大学生要正确认识世界和中国的发展大势，尊重并顺应历史的选择和人民的选择，准确把握我国发展所处的重要战略机遇期，提升民族自信心，增强时代责任感，与历史同步伐，与时代共命运。

(2)与祖国同行。青年只有自觉将人生目标同国家和民族的前途命运紧紧联系在一起，才能最大限度地实现人生价值。当代大学生要正确认识国家和民族赋予其的历史使命和时代责任，自觉与国家和民族共奋进、同发展。

(3)与人民同在。人民群众是历史的创造者，是国家的主人。只有走与人民群众相结合的道路，向人民群众学习，从人民群众中汲取营养，做最广大人民群众根本利益的维护者，才能使自己的人生大有作为。

(4)在实践中创造人生价值。社会实践是实现人生价值的必由之路。要坚持理论联系实际，积极投身社会实践，在实践中发现新知、运用真知，在解决实际问题中增长才干。只有将所学服务于正确的人生价值，在踏踏实实的劳动创造中，才能实现最大的人生价值。

第二章　追求远大理想坚定崇高信念

知识框架

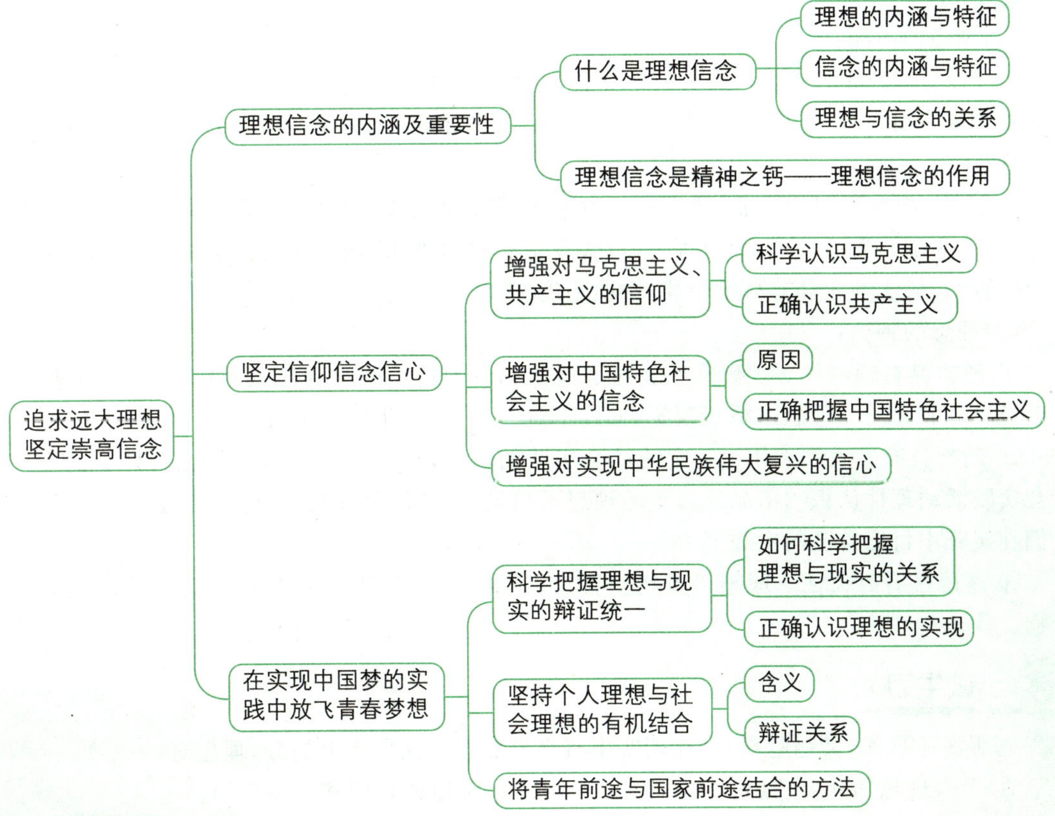

内容导学

本章共三节，主要阐述理想信念，内容包括三个方面：一是理想信念的内涵及重要性；二是坚定信仰信念信心；三是在实现中国梦的实践中放飞青春梦想，即在实现中国梦的实践中化理想为现实。第三节是本章的重点节。大家复习时，可以尝试去找到以下几个问题的答案，并着重把握。

(1)理想信念的内涵、特征及相互关系。

(2)理想信念是精神之“钙”。

(3)大学生应有怎样的理想信念?

(4)理想与现实的关系。

(5)个人理想与社会理想之间的关系。

(6)如何在实践中为中国梦注入青春能量?

本章要把握的主要知识点有三个:理想信念的内涵、特征与作用;理想与现实的对立统一关系;个人理想与社会理想的统一。

第一节　理想信念的内涵及重要性

小节 1　什么是理想信念

要点 1 理想的内涵与特征

(1)理想的内涵:

① 内涵:理想作为一种人类特有的精神现象,是人们在实践中形成的、有实现可能性的、对未来社会和自身发展目标的向往与追求,是人们的世界观、人生观和价值观在奋斗目标上的集中体现。

② 分类:根据不同的标准,理想可分为个人理想和社会理想(主体角度),近期理想和远期理想(时序角度),生活理想、职业理想、道德理想和政治理想(内容角度),崇高理想和一般理想(层次角度),科学性质和非科学性质(性质角度)等。

(2)理想的特征:

① 理想具有超越性。理想是人们对客观事物的超前反映。理想反映的是科学和理性,代表的是思考和追求。理想来源于现实,又高于现实,是与奋斗目标相联系的未来的现实。

② 理想具有实践性。作为一定的社会实践的产物,理想是处在特定历史条件下的人们对社会实践活动理性认识的结晶。真正的理想不只是对未来目标的主观想象,它要变为现实还要人们在实践中付出自己的主观努力。

③ 理想具有时代性。理想具有历史性、时代性,人们的理想总是那个具体的历史时期的产物。

小试牛刀 1

1 理想源于现实,又超越现实,在现实中有多种类型。从层次上划分,理想有(　　)。

A. 个人理想和社会理想　　B. 道德理想和政治理想

C. 生活理想和职业理想　　D. 崇高理想和一般理想

【解】D。本题考查理想的分类。A 是主体角度,BC 是内容角度,D 是层次角度。

2 某学生在大学期间努力学习,刻苦掌握专业知识,希望将来做一个建筑工程师。他的这个理想是(　　)。

A. 社会理想　　B. 生活理想　　C. 道德理想　　D. 职业理想

【解】D。本题考查理想的分类。建筑工程是一种职业，故他的理想是职业理想。

3 在科技十分落后的古代，人们梦想过许多东西，如千里眼、顺风耳、飞毯、神枪之类，但像现代生活中普及的手机、电视、平板、电脑等，是那时的人们连想都想不到的。这说明，理想具有（　　）。

A. 共同性　　B. 时代性　　C. 阶级性　　D. 思想性

【解】B。本题考查理想的特征。题干对比的是古今梦想的不同，故说的是理想具有时代性。

4 理想作为一种人类特有的精神现象，是人类社会实践的产物。（　　）

A. 正确　　B. 错误

【解】A。本题考查理想的内涵。论述正确。

5 理想源于现实，又超越现实，是与奋斗目标相联系的未来的现实。（　　）

A. 正确　　B. 错误

【解】A。本题考查理想的内涵与特征。论述正确。

6 理想从实践中来又指导实践，并且也只能在实践中得以实现。（　　）

A. 正确　　B. 错误

【解】A。本题考查理想的实践特征。论述正确。

7 理想是多方面和多类型的。根据不同的标准，可以把理想划分为许多类型。以下属于以内容为标准划分的是（　　）。

A. 个人理想和社会理想　　B. 近期理想和远期理想

C. 职业理想和生活理想　　D. 政治理想和道德理想

【解】CD。本题考查理想的分类。个人理想和社会理想是主体上的划分，近期理想和远期理想是时序上的划分，职业理想和生活理想、政治理想和道德理想都是对理想在内容上的划分。

要点2 ▶ 信念的内涵与特征

（1）内涵：

信念也是人类特有的精神现象，是认知、情感和意志的有机统一体，是人们在一定的认识基础上确立的对某种思想或事物坚信不疑并身体力行的精神状态。

（2）信念的特征：

① 信念具有执着性。信念因其执着而为信念。信念一旦形成，就会使人坚贞不渝、百折不挠地追求理想目标。信念是对理想的支持，是人们追求理想目标的强大动力。

② 信念具有支撑性。信念是一个人经受实践检验而始终坚守理想的精神力量。

③ 信念具有多样性。信念有不同的层次和类型。不同的社会环境、思想观念、利益需求都会形成不同乃至截然相反的信念，不同的人，由于众多的原因，会形成各不相同的信念，这是客观存在的。其中，高层次的信念决定着低层次的信念，低层次的信念服从于高层次的信念。信仰是最高层次的信念，具有最大的统摄力。信念、信仰有盲目和科学之分。科学的信仰来自人们对自然界和人类社会发展规律的正确认识。

（3）信仰：

① 内涵：信仰是指人们对某种理论、学说、主义的信服和尊崇，并把它奉为自己的行为准则与活动指南。

② **与信念的关系**：信仰属于信念，是信念的一部分；但信仰不是一般的信念，而是信念最集中、最高的表现形式。

③ 一般来说，信仰可分为**两种类型**：一种是对虚幻的世界、不切实际的观念、荒废的理论的盲目相信、狂热崇拜；另一种是在社会实践活动中，对以事物发展规律的正确认识为基础的思想见解或理论主张的坚信不疑、身体力行。

小试牛刀 2

8 信念是认知、情感和意志的有机统一体，是人们在一定的认识基础上确立的对某种思想或事物坚信不疑并身体力行的心理态度和精神状态。信念是人们追求理想目标的强大动力，决定事业的成败。信念有不同的层次和类型，其中（　　）。

A. 各种信念没有科学与非科学之分

B. 低层次的信念代表了一个人的基本信仰

C. 相同社会环境中生活的人们的信念始终一致

D. 高层次的信念决定低层次的信念

【解】D。本题考查信念内涵中的层次问题。信念有盲目和科学之分，故 A 错误。信仰是最高层次的信念，具有最大的统摄力，故 B 错误。不同的人，由于众多的原因，会形成各不相同的信念，这是客观存在的，故 C 错误。高层次的信念决定着低层次的信念，低层次的信念服从于高层次的信念，故 D 正确。

9 下列关于信念和信仰的正确说法是（　　）。

A. 信仰是信念的一部分　　B. 信念是信仰的一部分

C. 信仰对信念具有决定作用　　D. 信仰是客观的，信念则是主观的

【解】A。本题考查信念和信仰的关系。信仰属于信念，是信念的一部分，故 A 正确 B 错误。高层次的信念决定着低层次的信念，尽管信仰是最高层次的信念，但不能说信仰决定信念，因为这里的信念隐含的意思是全部信念，包含信仰，而非某种信念，故 C 错误。信仰和信念一样，是人们在一定的认识基础上确立的对某种思想或事物坚信不疑并身体力行的精神状态，都是主观的，故 D 错误。

10 信念最集中、最高的表现形式是（　　）。

A. 爱国主义　　B. 信仰　　C. 世界观　　D. 理想

【解】B。本题考查信仰的概念。信念最集中、最高的表现形式是信仰。

11 信念是人类特有的一种精神现象，是认知、情感和意志的有机统一体。（　　）

A. 正确　　B. 错误

【解】A。本题考查信念的概念。论述正确。

12 信念的执着性是绝对的，一旦形成，就会使人坚贞不渝、百折不挠地追求理想目标。（　　）

A. 正确　　B. 错误

【解】B。本题考查信念的特征。信念的执着性是绝对的，这句话错误，信念不坚定的人历史上很多。

13 不同的人会形成不同的甚至截然相反的信念。（　　）

A. 正确　　B. 错误

【解】A。本题考查信念的特征。论述正确。

14 社会共同信念的形成基于人们各自的信念存在共通之处。（ ）

A. 正确　　B. 错误

【解】A。本题考查信念，个人与社会的关系。由个人与社会的关系可知，该论述正确。

15 高层次的理想信念代表了一个人的基本社会信仰。（ ）

A. 正确　　B. 错误

【解】A。本题考查信仰的概念。信念是对社会认知的反映，高层次的信念决定低层次的信念，因而代表了一个人的基本社会信仰。将理想信念合在一起说，也是可以的。

16 信仰不存在正确与错误之分。（ ）

A. 正确　　B. 错误

【解】B。本题考查信仰的概念。信仰有盲目和科学之分。

要点3 理想和信念的关系

(1)总论：

理想和信念总是如影随形，相互依存。理想是信念所指的对象，信念则是理想实现的保障。离开理想，信念无从产生；离开信念，理想寸步难行。也正因如此，人们常将理想与信念合称为理想信念。

(2)区别：

① 能使我们为之奋斗的东西，叫作理想；而实现理想所必需的东西，却是信念。

② 理想指向未来，指引人生方向。信念面对现实，决定事业成败。

(3)联系：

① 理想和信念如影随形，相互依存。

② 理想是信念的根据和前提。

③ 信念是实现理想的重要保障。

④ 离开理想这个人们确信和追求的目标，信念无从产生；离开信念这种对奋斗目标的执着向往和追求，理想寸步难行。

小试牛刀3

17 任何理想都可以给人们提供不竭的精神动力。（ ）

A. 正确　　B. 错误

【解】B。本题考查理想信念的关系。理想是信念所指的方向，信念则是实现理想的保障。因此，不是任何理想，而是具有坚定信念的理想才可以提供不竭的精神动力。

18 在很多情况下，理想和信念可以交换使用。（ ）

A. 正确　　B. 错误

【解】A。本题考查理想信念的关系，论述正确。理想和信念相互依存，很多情况下理想和信念可以不做区分。比如：让妈妈过上好日子是我的信念，改成让妈妈过上好日子是我的理想，也是可以的。

19 在人的生命历程中，理想和信念总是如影随形，相互依存。理想和信念的关系是（ ）。

A. 理想是信念所指的对象　　B. 信念是理想实现的保障

C. 离开理想，信念无从产生　　D. 离开信念，理想寸步难行

【解】ABCD。本题考查理想信念的关系。四个选项都是二者的关系。

小节 2　理想信念是精神之“钙”

要点 ▶ 理想信念的作用

理想指引方向,信念决定成败。理想信念是人生发展的内在动力。理想信念是人的精神世界的核心,是人精神上的“钙”。

(1)理想信念昭示人生的奋斗目标。理想信念是人的思想和行为的定向器,反映的是对社会和人自身发展的期望。

(2)理想信念提供人生的前进动力。无数杰出人物之所以能在平凡的岗位上作出不平凡的业绩,在极其困难的条件下创造奇迹,一个重要的原因就在于他们具有崇高坚定的理想信念,从而具有披荆斩棘、锲而不舍的动力。

(3)理想信念提供精神支柱。理想信念是一个人在精神生活领域“安身立命”的根本。

(4)理想信念提高人生的精神境界。理想信念是衡量一个人精神境界高下的重要标尺。理想信念作为人的精神世界的核心,一方面能使人的精神生活的各个方面统一起来,使人的精神世界成为一个健康有序的系统,避免精神空虚和迷茫;另一方面又能引导人们不断地追求更高的人生目标,并在追求和实现理想目标的过程中提升精神境界、塑造高尚人格。

小试牛刀 4

20 2017 年 10 月 31 日,党的十九大闭幕仅一周,中共中央总书记、国家主席、中央军委主席习近平带领十九届中央政治局常委专程从北京前往上海和浙江嘉兴,瞻仰上海中共一大会址和浙江嘉兴南湖红船。在瞻仰中共一大代表群像浮雕时,习近平对着浮雕一一列数中共一大 13 名代表的姓名,感叹英雄辈出,也感叹大浪淘沙。个人坚守理想信念力量的强弱决定着人生命运的方向。理想信念的作用和意义在于(　　)。

A. 昭示人生奋斗目标　　B. 提供人生前进动力

C. 规划人生具体行程　　D. 提高人生精神境界

【解】ABD。本题考查理想信念的作用。ABD 三个选项都是理想信念的作用和意义,C 选项与此无关。

第二节　坚定信仰信念信心

小节 1　增强对马克思主义、共产主义的信仰

要点 1 ▶ 马克思主义

马克思主义作为一个科学体系,它研究的是整个客观世界以及社会形态的更替和无产阶级革命和建设的规律,它最根本的使命是指导无产阶级和广大群众的社会主义革命和共产主义建设。

马克思主义是由马克思和恩格斯创立并为后继者所不断发展的科学理论体系,是关于自然、社会和人类思维发展一般规律的学说,是关于社会主义必然代替资本主义、最终实现共产主

义的学说，是关于无产阶级解放、全人类解放和每个人自由而全面发展的学说，是指引人民创造美好生活的行动指南。

马克思主义，以事实为依据，以规律为对象，以实践为检验标准。由学说进到行动，由理论进到实践，必然进到对马克思主义科学学说的信仰维度。对坚定的马克思主义者来说，科学和信仰是统一的。

要点2 ▶ 马克思主义科学信仰和宗教信仰的区别

(1)马克思主义信仰，是以事实为依据的信仰，是建立在规律基础上的信仰；宗教信仰是建立在“信”的基础上的信仰。

(2)马克思主义是救世的、是改造社会的、是认识世界和改造世界的学说；宗教是救心的，宗教信仰是自救自赎的。宗教不企图改变世界、改变社会，而是各人回归自己的内心世界，改变自我。

(3)对于虔诚的教徒来说，自己信仰的宗教是不能批评的。马克思主义不仅批判世界，而且提倡自我批评。

要点3 ▶ 为什么要信仰马克思主义

马克思主义作为我们立党立国的根本指导思想，是近代以来中国历史发展的必然结果，是中国人民长期探索的历史选择，也是由马克思主义严密的科学体系、鲜明的阶级立场和巨大的实践指导作用决定的。

(1)马克思主义是我们认识世界、改造世界的强大思想武器。

(2)马克思主义是科学的理论，创造性地揭示人类社会发展规律。我们仍然处在马克思主义所指明的历史时代，是我们对马克思主义、共产主义保持坚定信仰的科学依据。研究了人类向何处去，发现了历史发展的一般规律，创造了历史唯物论；研究了资产阶级向何处去，发现了资本家剥削工人的秘密，创造了剩余价值学说；研究了无产阶级向何处去，发现了工人阶级的历史地位，创造了无产阶级革命的学说。

(3)马克思主义是人民的理论，第一次创立了人民实现自身解放的思想体系。马克思主义博大精深，归根到底就是一句话，为人类求解放。马克思主义之所以具有跨越国度、跨越时代的影响力，就是因为它根植于人民之中，指明了依靠人民推动历史前进的人间正道。

(4)马克思主义是实践的理论，指引着人民改造世界的行动。马克思有一句名言：“哲学家们只是用不同的方式解释世界，而问题在于改变世界。”这鲜明地表明了马克思主义重视实践、以改造世界为己任的基本特征。

(5)马克思主义是不断发展的开放的理论，始终站在时代前列。

(6)马克思主义是党和人民事业不断发展的参天大树之根本，是党和人民不断奋进的万里长河之源泉。对马克思主义的信仰、对社会主义和共产主义的信念，是共产党人的政治灵魂。

要点4 ▶ 胸怀共产主义远大理想

(1)共产主义社会的特征及实现条件：

马克思主义科学预测了未来社会的理想状态，指明了人类社会的发展方向。

共产主义社会是物质财富极大丰富、实现按需分配、人的精神境界极大提高、每个人自由而全面发展的社会。

共产主义只有在社会主义社会充分发展和高度发达的基础上才能实现。

(2)共产主义远大理想与现实的辩证统一关系：

共产主义是现实运动和长远目标相统一的过程。共产主义是崇高的社会理想，是关于无产阶级解放的学说，同时也是一种现实运动。共产主义远大理想既是面向未来的，又是指向现实的，不仅反映了人们对未来社会的美好向往，更是一个从现实的人出发，不断满足人的现实利益需求、推进人的全面发展、推动社会发展进步的历史过程与现实运动。

错误观点："共产主义是渺茫的幻想""共产主义没有经过实践检验"，这实际上割裂了共产主义远大理想与现实的辩证统一关系。

(3)正确认识共产主义：

共产主义是一种理想、一种学说、一种制度，更是一种实践。共产主义远大理想的最终实现是一个漫长、艰辛的历史过程，需要一代又一代人付出艰苦的努力。

小试牛刀

1 马克思主义关于人类社会必然走向共产主义的基本原理，是建立在对人类社会发展规律正确认识的基础上的科学预见。共产主义是一种(　　)。

A. 理想　　B. 学说　　C. 制度　　D. 实践

【解】ABCD。本题考查共产主义。四个选项都是共产主义的一个侧面。

小节 2　增强对中国特色社会主义的信念

要点 1 为什么要强增对中国特色社会主义的信念

中国特色社会主义，是科学社会主义理论逻辑和中国社会发展历史逻辑的辩证统一，是根植于中国大地、反映中国人民意愿、适应中国和时代发展进步要求的科学社会主义。

(1)**中国特色社会主义是科学社会主义，不是别的什么主义。**中国特色社会主义，既坚持了科学社会主义基本原则，又根据时代条件赋予其鲜明的中国特色，以全新的视野深化了对共产党执政规律、社会主义建设规律、人类社会发展规律的认识，使我们国家快速发展起来，使我国人民生活水平快速提高起来。(中国特色社会主义坚持了科学社会主义基本原则，赓续了科学社会主义基因血脉，根据时代条件赋予其鲜明的中国特色。)

(2)**中国特色社会主义不是从天上掉下来的，而是中国共产党带领人民历经千辛万苦找到的实现中国梦的正确道路。**改革开放以来我们取得一切成绩和进步的根本原因，归结起来就是：开辟了中国特色社会主义道路，形成了中国特色社会主义理论体系，确立了中国特色社会主义制度，发展了中国特色社会主义文化。

要点 2 中国特色社会主义的内涵

(1)**含义：**中国特色社会主义是科学社会主义，**中国特色社会主义是改革开放以来党的全部理论和实践的主题，**中国特色社会主义是党和人民历尽千辛万苦、付出巨大代价取得的根本成就。

(2)**组成：**中国特色社会主义包括中国特色社会主义道路、中国特色社会主义理论体系、中国特色社会主义制度、中国特色社会主义文化。

(3)**意义：**中国特色社会主义，既是我们必须不断推进的伟大事业，又是我们开辟未来的根本保证。

(4)**特征：中国共产党的领导是中国特色社会主义最本质的特征，**是中国特色社会主义制度的最大优势，是党和国家的根本所在、命运所在，是全国人民的利益所系、命运所系。

要点3 中国共产党百年奋斗的宝贵经验

坚持党的领导；坚持人民至上；坚持理论创新；坚持独立自主；坚持中国道路；坚持胸怀天下；坚持开拓创新；坚持敢于斗争；坚持统一战线；坚持自我革命。

要点4 中国特色社会主义下的中国

领导制度：中国共产党领导——中国特色社会主义最本质的特征，中国特色社会主义制度的最大优势。

国体：人民民主专政。

政体：人民代表大会制度。

经济制度：坚持公有制为主体、多种所有制经济共同发展的基本经济制度；坚持按劳分配为主体，多种分配方式并存的分配制度；实行社会主义市场经济体制。

意识形态：坚持马克思主义指导地位不动摇，培育和践行社会主义核心价值观。

根本立场：坚持以人民为中心，不断促进人的全面发展，实现全体人民共同富裕。

小节3　增强对实现中华民族伟大复兴的信心

要点 为什么要增强对实现中华民族伟大复兴的信心

(1)实现中华民族伟大复兴，是中华民族近代以来最伟大的梦想。

(2)实现中华民族伟大复兴的中国梦是一项光荣而艰巨的事业。

第三节　在实现中国梦的实践中放飞青春梦想

小节1　科学把握理想与现实的辩证统一

要点1 如何科学把握理想与现实的辩证统一

(1)总论：理想信念是一个思想认识问题，更是一个实践问题。现实是此岸，理想是彼岸。实践，只有实践，才是通往理想彼岸的桥梁。

(2)要辩证看待理想与现实的矛盾：理想很丰满，现实很骨感。理想与现实是对立统一的(具体见“要点2”)。

(3)要充分认识实现理想的长期性、艰巨性和曲折性(具体见“要点3”)。

(4)艰苦奋斗是实现理想的重要条件。理想必须通过实践才能转变为现实。

小试牛刀1

1 “文王拘而演《周易》；仲尼厄而作《春秋》；屈原放逐，乃赋《离骚》；左丘失明，厥有《国语》；孙子膑脚，《兵法》修列；不韦迁蜀，世传《吕览》；韩非囚秦，《说难》《孤愤》；《诗》三百篇，大底圣贤发愤之所为作也。”司马迁这段话对我们在人生哲理方面的启发是(　　)。

A. 要正确对待实现理想过程中的逆境

B. 有时逆境反而能使人的潜能最大限度地迸发出来

C. 受磨难而奋进，这是身处逆境的学问

D. 顺境对人生的作用是双重的，逆境只有消极作用

【解】ABC。本题考查如何辩证对待人生矛盾和理想与现实的辩证统一。ABC 三个选项论述正确。D 选项错误,逆境也有积极作用。

要点 2 理想与现实的关系(如何辩证看待理想与现实的矛盾)

(1)**理想与现实是对立统一的:**

首先,理想与现实存在着对立的一面,理想不等同于现实。理想与现实的矛盾与冲突,属于“应然”和“实然”的矛盾。

其次,理想与现实又是统一的。理想受现实的规定和制约,不能脱离现实而幻想未来。理想是在对现实认识的基础上发展起来的。一方面,现实中包含着理想的因素,孕育着理想的发展。另一方面,理想中也包含着现实,既包含着现实中必然发展的因素,又包含着由理想转化为现实的条件。在一定条件下,理想可以转化成未来的现实。脱离现实而谈理想,理想就会成为空想。

(2)用理想否定现实和用现实否定理想,这**两种认识误区,**从思想方法上讲,是由于不能辩证地看待和处理理想与现实的矛盾。

小试牛刀 2

2 理想与现实是一对矛盾,它们是对立统一的关系。二者的统一性表现在(　　)。

A. 理想属于“应然”,现实属于“实然”

B. 理想是主观的,现实是客观的

C. 理想是完美的,现实是有缺陷的

D. 现实中包含着理想的因素,理想中也包含着现实

【解】D。本题考查理想与现实的关系。题干问的是统一性,而 ABC 三个选项都体现了二者的对立或不同,只有 D 选项体现了统一性。

3 克雷洛夫曾经说过:“现实是此岸,理想是彼岸,中间隔着湍急的河流,行动则是架在川上的桥梁。”理想和现实作为矛盾的两方面,是对立统一的关系。下列选项中关于二者关系表述错误的是(　　)。

A. 理想受现实的规定和制约,不能脱离现实而幻想未来

B. 理想属于“应然”,现实属于“实然”

C. 理想是现实的基础,也是未来的现实

D. 理想之树深深扎根于现实的沃土之中,理想是在对现实认识的基础上发展起来的

【解】C。本题考查理想与现实的关系。ABD 三个选项都是理想与现实的关系,C 选项错误,因为现实是理想的基础。

4 现实中有些人存在“用现实来否定理想”的认识偏向,当发现理想与现实的矛盾时,觉得实现理想很困难、很渺茫,太“不实际”,从而放弃理想,对于现实中一些消极乃至丑恶的现象不愤怒、不斗争,甚至与之同流合污。从思想方法上讲,在于这些人没有认识到(　　)。

A. 理想与现实是辩证统一的关系

B. 理想信念对人生具有重要的意义

C. 理想的实现是一个过程

D. 为理想而献身是人生的最高境界

【解】A。本题考查理想与现实的关系。用理想否定现实和用现实否定理想，这两种认识误区，从思想方法上讲，是由于不能辩证地看待和处理理想与现实的矛盾。

5 “现实是此岸，理想是彼岸，中间隔着湍急的河流，行动则是架在川上的桥梁。”这个比喻表达的是(　　)。

A. 理想来源于现实，等同于现实

B. 理想要变成现实，必须经过人们的实践和辛勤劳动

C. 只有经过实践检验，成为现实的理想才是科学的理想

D. 只要投身实践，任何美好想象都能成为现实

【解】B。本题考查理想与现实的关系。A 选项理想不能等同现实，错误；CD 两个选项过于绝对，错误。

6 理想与现实本来就是一对矛盾，它们是对立统一的关系。对立性体现在(　　)。

A. 理想是“应然”的，现实是“实然”的

B. 理想是未来的现实，现实是理想的基础

C. 理想包含现实，现实包含理想因素

D. 在一定条件下理想必定要转化为现实

【解】A。本题考查理想与现实的关系。题干强调对立性，BCD 三个选项都在阐述理想和现实的统一性，只有 A 选项体现对立性。

7 下列是几位同学关于理想认识的表述，其中正确的是(　　)。

A. “理想作为人类的一种精神现象，是人类进入文明社会的产物”

B. “理想是人类特有的现象，有没有理想是人与动物的本质区别”

C. “理想是人们在现实基础上对未来的设想，是一定能够实现的”

D. “理想产生于现实，但不是对现状的模写，而是对现实的超越”

【解】D。本题考查理想与现实的关系。理想不是进入文明社会才有的，故 A 选项错误；人与动物的本质区别在于人能制造和使用生产工具从事生产劳动，故 B 选项错误；理想未必能够实现，故 C 选项错误。

8 只要努力，个人的理想就一定可以实现。　　(　　)

A. 正确　　　　B. 错误

【解】B。本题考查理想与现实的关系。即使努力，理想也未必能够实现。

9 在追求理想的过程中，人们常常会感受到理想与现实之间的矛盾。因此，正确认识理想与现实的关系，是追求理想的过程中必须解决的问题。理想与现实的关系是(　　)。

A. 现实受理想的规定和制约

B. 理想与现实是对立统一的

C. 现实中包含着理想的因素，理想中也包含着现实

D. 在一定条件下，理想可以转化成未来的现实

【解】BCD。本题考查理想与现实的关系。理想受现实的规定和制约，故 A 选项错误，其他三个选项都是理想与现实的关系。

要点 3 ▶ 如何看待实现理想的长期性、艰巨性和曲折性

(1)理想的实现是一个过程，任何理想的实现都不是轻而易举的。

(2)理想变为现实不是一帆风顺的,往往会遭遇波澜和坎坷,要正确对待实现理想过程中的顺境与逆境。

小试牛刀 3

10 中国有句俗话,“望山跑死马”。期望自己一觉醒来发现理想已经实现,这种便宜事是不可能出现的。这说明,理想的实现具有(　　)。

A. 艰巨性　　B. 曲折性　　C. 未知性　　D. 长期性

【解】D。本题考查理想与现实的关系。“望山跑死马”,强调的是山长路远,需要花费大量时间才能跑完,这体现理想实现的长期性。

小节 2　坚持个人理想与社会理想的有机结合

要点 1 ▶ 两个理想有机结合总论

得其大者可以兼其小。坚持个人奋斗目标与国家、民族的奋斗目标相统一,把个人理想融入社会理想之中,在为社会理想而奋斗的过程中实现个人理想,这是大学生成长成才的必由之路。

要点 2 ▶ 个人理想与社会理想的含义

(1)个人理想是指处于一定历史条件和社会关系中的个体对于自己未来的物质生活、精神生活所产生的种种向往和追求。

(2)社会理想是指社会集体乃至社会全体成员的共同理想,即在全社会占主导地位的共同奋斗目标。社会理想代表和反映着一个社会占统治地位阶级的根本利益和共同愿望。

(3)共同理想:坚持和发展中国特色社会主义,实现中华民族的伟大复兴,是当代中国最大的现实,也是全体中国人民共同的社会理想。

小试牛刀 4

11 习近平总书记在 2013 年“五四”青年节同各界优秀青年代表座谈时对青年人寄予了殷切希望:“青年一代有理想、有担当,国家就有前途,民族就有希望,实现我们的发展目标就有源源不断的强大力量。”与我国各族人民一样,现阶段青年一代应当树立的共同理想是(　　)。

A. 到 2020 年全面建成小康社会

B. 践行社会主义荣辱观

C. 坚持和发展中国特色社会主义、实现中华民族伟大复兴

D. 弘扬以爱国主义为核心的民族精神和以改革创新为核心的时代精神

【解】C。本题考查个人理想与社会理想的含义。坚持和发展中国特色社会主义,实现中华民族的伟大复兴,是当代中国最大的现实,也是全体中国人民共同的社会理想。

12 现阶段我国各族人民的共同理想是(　　)。

A. 全面建设小康社会

B. 确立马克思主义的信仰

C. 在中国共产党领导下,坚持和发展中国特色社会主义,实现中华民族伟大复兴

D. 创造条件向共产主义过渡

【解】C。本题考查个人理想与社会理想的含义。现阶段我国各族人民的共同理想是在中国共产党领导下，坚持和发展中国特色社会主义，实现中华民族伟大复兴。

要点3 ▶ 个人理想与社会理想的辩证关系

(1)关系总述：个人理想与社会理想的关系实质上是个人与社会的关系在理想层面的反映。个人与社会有机地联系在一起，二者相互依存、相互制约、共同发展。同样，社会理想与个人理想也相互联系、相互影响、相互制约。社会理想是核心、前提、基础、保障、汇聚、凝练和升华。

(2)个人理想以社会理想为指引。正确的个人理想从根本上说是由正确的社会理想规定的。同时，个人理想的实现，必须以社会理想的实现为前提和基础。因此，在整个理想体系中，社会理想是最根本、最重要的，而个人理想则从属于社会理想。换句话说，个人理想的确立要以社会理想为引导，个人理想的实现依赖于社会理想的实现。

(3)社会理想是对个人理想的凝练和升华。社会理想是建立在众人个人理想基础之上的，是对社会成员个人理想的凝练和升华。强调个人理想要符合社会理想，并不是要排斥和抹杀个人理想，而是要摆正个人理想和社会理想的关系。社会理想的实现归根到底要靠社会成员的共同努力，并具体体现在每个社会成员为实现个人理想而进行的实践中。

小试牛刀5

13 王伯勋曾经说过："检查一个人的理想之果如何，不是看他从社会上得到什么，而是看他给了人类什么。"由此说明，在理想的内容体系中，最为核心的是(　　)。

A. 个人理想　　B. 社会理想　　C. 生活理想　　D. 道德理想

【解】B。本题考查个人理想与社会理想的辩证关系。在理想的内容体系中，最为核心的是社会理想。

14 个人理想与社会理想的关系实质上是(　　)的关系在理想层面的反映。

A. 个人与他人　　B. 个人与社会　　C. 个人与自然　　D. 个人与集体

【解】B。本题考查个人理想与社会理想的辩证关系。个人理想与社会理想的关系实质上是个人与社会的关系在理想层面的反映。

15 在整个理想体系中，社会理想是最根本、最重要的，而个人理想则从属于社会理想。(　　)

A. 正确　　B. 错误

【解】A。本题考查个人理想与社会理想的辩证关系。论述正确。

16 习近平2017年8月15日在给第三届中国"互联网+"大学生创新创业大赛"青年红色筑梦之旅"大学生的回信中指出：祖国的青年一代有理想、有追求、有担当，实现中华民族伟大复兴就有源源不断的青春力量。希望你们扎根中国大地了解国情民情，在创新创业中增长智慧才干，在艰苦奋斗中锤炼意志品质，在亿万人民为实现中国梦而进行的伟大奋斗中实现人生价值，用青春书写无愧于时代、无愧于历史的华彩篇章。这就告诉青年，应当正确认识和处理个人理想与社会理想的关系。个人理想与社会理想的关系是(　　)。

A. 社会理想指引着个人理想

B. 个人理想从属于社会理想

C. 社会理想是对个人理想的凝练和升华

D. 社会理想的实现以个人理想的实现为前提和基础

【解】ABC。本题考查个人理想与社会理想的辩证关系。前三个选项都是个人理想与社会理想的关系，第四个选项将社会理想和个人理想弄反了。

小节 3　为实现中国梦注入青春能量

要点 ▶ 将青年前途与国家前途结合的方法

(1)立鸿鹄志，做奋斗者：立志当高远。大量事实告诉人们，那些在事业上取得伟大成就、对人类作出卓越贡献的人，都是在青年时期就立下了鸿鹄之志，并为之坚持不懈、努力奋斗。

(2)心怀“国之大者”，敢于担当：立志做大事。今天，做大事就是投身于新时代中国特色社会主义伟大事业。

(3)自觉躬身实践，知行合一：立志须躬行。崇高理想的实现需要一点一滴的奋斗。

小试牛刀 6

17 立志当高远，立志做大事，立志须躬行。大量事实告诉人们，那些在事业上取得伟大成就、对人类作出卓越贡献的人，都是在青年时期就立下了鸿鹄之志，并为之坚持不懈、努力奋斗。以下与此含义一致的是(　　)。

A. “功崇惟志，业广惟勤”　　B. “夙夜在公”

C. “己欲立而立人，己欲达而达人”　　D. “己所不欲，勿施于人”

【解】A。本题考查将青年前途与国家前途结合的方法。“功崇惟志，业广惟勤”，是在说立志要大，做事要勤，与题干相符，故 A 选项正确；其他三个选项关联性不大。

18 中国有句古话：“千里之行，始于足下”，这句话对我们在人生哲理方面的启发是(　　)。

A. 要立鸿鹄志，做奋斗者　　B. 要心怀“国之大者”，敢于担当

C. 要自觉躬身实践，知行合一　　D. 立志须果断，做事要肯干

【解】C。本题考查将青年前途与国家前途结合的方法。“千里之行，始于足下”强调的是实践，因此只有 C 选项符合。

19 在心理学中，有一个著名的摘苹果理论，意思是说，一个渴望成功的人，应该永远努力去采摘那些需要奋力跳起来才能够得着的“苹果”。事实上，这样的人后来的成功，往往超过那些总是采摘伸手可及的苹果的人。这对我们的启示是(　　)。

A. 要立鸿鹄志，做奋斗者　　B. 立志须趁早，做事要起早

C. 要自觉躬身实践，知行合一　　D. 要心怀“国之大者”，敢于担当

【解】A。本题考查将青年前途与国家前途结合的方法。喜欢奋力跳起摘高处苹果的人，往往成就更大，强调立大志肯奋斗的重要性，因此只有 A 选项符合。

20 “雄心壮志需要有步骤，一步步地、踏踏实实地去实现，一步一个脚印，不能让它有一步落空。”这句话的意思是(　　)。

A. 要立鸿鹄志，做奋斗者　　B. 要心怀“国之大者”，敢于担当

C. 要自觉躬身实践，知行合一　　D. 要有雄心壮志

【解】C。本题考查将青年前途与国家前途结合的方法。雄心需要脚踏实地才能实现，这在强调躬身实践、知行合一的重要性，因此只有 C 选项符合。

21 “没有比人更高的山，没有比脚更长的路。”2013 年 10 月 7 日习近平在亚太经合组织工商

领导人峰会上的演讲中引用汪国真的这句诗说明，无论是国家发展还是青年人进步都需要立志当高远。（　　）

A. 正确　　　　B. 错误

【解】B。本题考查将青年前途与国家前途结合的方法。人比山高，脚比路长，说的是实践的重要性，而不是立志当高远。

22 1969年年初，15岁的习近平来到陕西省延川县梁家河村，直到1975年10月离开。在这7年上山下乡的艰苦生活里，从不会做饭、不会干农活的普通知青，到乡亲们眼里能吃苦、爱读书的好后生，再到为群众办好事、干实事的大队支书，习近平得到了受益终生的东西。他说："我永远不会忘记梁家河，永远不会忘记父老乡亲，永远不会忘记老区人民。"这对肩负实现中华民族伟大复兴中国梦的历史重任的大学生在实现人生理想方面的启发是（　　）。

A. 要立鸿鹄志，做奋斗者　　　　B. 要心怀"国之大者"，敢于担当

C. 要自觉躬身实践，知行合一　　　　D. 立志须果断，做事要肯干

【解】ABC。本题考查将青年前途与国家前途结合的方法。从题干材料可以看出，习近平从一名知青到国家主席，是因为他志向高远，心怀百姓之大，且知行合一。因此，ABC三个选项都是应得的启示。材料无法体现立志果断与否，因此不能选。

图例笔记与思考讨论

小节1　图例笔记

要点1 ▶ 中国人的"大同"理想

在中西方文明中，有各种学说探寻人类心中最美好的理想生活，"大同"无疑是中国人心中美好的愿景之一。《礼记》中说："大道之行也，天下为公，选贤与能，讲信修睦。"世界大同、和合共生，是中国几千年文明一直秉持的理念。推动构建人类命运共同体，实现共同发展、共享繁荣，把世界各国人民对美好生活的向往变成现实，是当代中国为人类和平与发展作贡献的真诚愿望和实际行动。

要点2 ▶ 为什么说中国特色社会主义是社会主义而不是别的什么主义

中国特色社会主义坚持了科学社会主义的基本原则。在领导制度上，中国共产党领导是中国特色社会主义最本质的特征，是中国特色社会主义制度的最大优势；在国体和政体上，实行人民民主专政和人民代表大会制度，在经济制度上，坚持公有制为主体、多种所有制经济共同发展的基本经济制度，坚持按劳分配为主体、多种分配方式并存的分配制度，实行社会主义市场经济体制；在意识形态上坚持马克思主义指导地位不动摇，培育和践行社会主义核心价值观；在根本立场上，坚持以人民为中心，不断促进人的全面发展，实现全体人民共同富裕。这些都在新的历史条件下体现了科学社会主义的基本原则，赓续了科学社会主义的基因血脉，丰富发展了科学社会主义并赋予其鲜明中国特色。中国特色社会主义不仅没有背离科学社会主义，而且恰恰是在坚持科学社会主义基本原则同中国具体实际、历史文化传统、时代要求相结合的过程中，得以丰富和发展。中国特色社会主义的发展历程和成就无可辩驳地证明了它是真正的社会主义。

要点 3 ▶ 社会主义没有辜负中国

在中华民族积贫积弱、任人宰制的时期，各种主义和思潮都进行过尝试，资本主义道路没有走通，改良主义、自由主义、社会达尔文主义、无政府主义、实用主义、民粹主义、工团主义等也都“你方唱罢我登场”，但都没能解决中国的前途和命运问题。是马克思主义引导中国人民走出了漫漫长夜、建立新中国，走上社会主义康庄大道，是中国特色社会主义使中国快速发展起来了。在百年接续奋斗中，一代又一代中国共产党人不忘初心、牢记使命，团结带领人民为实现中华民族伟大复兴作出卓越贡献，创造了中华民族发展史、人类社会进步史上惊天动地的奇迹。

要点 4 ▶ 当代青年还需要艰苦奋斗吗?

有人认为，艰苦奋斗是老一辈的事，当代青年不需要艰苦奋斗。这种观点在理论上是错误的，在实践中是有害的。一方面，物质生活条件的改善、社会观念的变化，只是赋予艰苦奋斗以新的时代内涵和实践要求，但艰苦奋斗的精神是永远不会过时的；另一方面，讲艰苦奋斗，也并不是不讲物质条件，而是为了实现既定的理想，吃苦耐劳，迎难而上，不惜奉献出自己的一切。当代中国既面临着重要发展机遇，也面临着前所未有的困难和挑战。梦在前方，路在脚下。自胜者强，自强者胜。实现我们的发展目标，需要广大青年锲而不舍、驰而不息的奋斗，不断书写奉献青春的时代篇章。

小节 2 思考讨论

1. 李大钊说，以青春之我，创建青春之家庭、青春之国家、青春之民族。谈谈理想信念对大学生成长成才的重要意义。

【答】理想指引方向，信念决定成败。理想信念是人生发展的内在动力。理想信念是人的精神世界的核心，是人精神上的“钙”。

(1)理想信念昭示人生的奋斗目标。理想信念是人的思想和行为的定向器，反映的是对社会和人自身发展的期望。因此，有什么样的理想信念，就意味着以什么样的期望和方式去改造自然和社会、塑造和成就自身。只有树立起崇高的理想信念，才能够解答好人生的意义、奋斗的价值以及做什么人等重要的人生课题。

(2)理想信念提供人生的前进动力。大学时期，同学们都普遍面临着一系列人生课题，这些问题的解决，都需要有一个总的原则和目标，这需要树立科学崇高的理想信念。大学时期确立的理想信念，对今后的人生之路产生重大影响，甚至会影响终身。

(3)理想信念提供精神支柱。理想信念是一个人在精神生活领域“安身立命”的根本。理想信念能够在人们遭遇挫折、经受考验的时候，提供一种强大的精神力量，使人不为困难所压倒，顽强奋斗直至战胜艰难险阻。只有铸牢理想信念之魂，才能经受得住各种考验，创造人生事业的辉煌。同学们要在坚定理想信念上下功夫，为人生的发展筑牢信仰之基、补足精神之钙、把稳思想之舵。

(4)理想信念提高人生的精神境界。理想信念是衡量一个人精神境界高下的重要标尺。理想信念作为人的精神世界的核心，一方面能使人的精神生活的各个方面统一起来，使人的精神世界成为一个健康有序的系统，避免精神空虚和迷茫；另一方面又能引导人们不断地追求更高的人生目标，并在追求和实现理想目标的过程中提升精神境界、塑造高尚人格。

大学生只有树立崇高的理想信念，才能明确学习的目的和意义，激发起为国家富强、民族振

兴和人民幸福而发愤学习的强烈责任感与使命感，努力掌握建设祖国、服务人民的本领。不论今后从事什么职业，大学生都要把个人的奋斗志向同国家和民族的前途命运紧紧联系在一起，把个人的学习进步同祖国的繁荣昌盛紧紧联系在一起，使理想信念之花结出丰硕的成长成才之果。

2. 2021 年 4 月 25 日至 27 日，习近平赴广西壮族自治区考察，第一站就到桂林市全州县的红军长征湘江战役纪念园，强调理想信念之火一经点燃就会产生巨大的精神力量。结合自身实际，谈谈为什么要坚定信仰信念信心。

【答】信仰、信念、信心，任何时候都至关重要，是指引和支撑中国人民站起来、富起来、强起来的强大精神力量。小到一个人、一个集体，大到一个政党、一个民族、一个国家，只要有信仰、信念、信心，就会愈挫愈奋、愈战愈勇，否则就会不战自败、不打自垮。

(1)科学的信仰能让人客观地认知世界，理性看待事物发展的规律。我们要增强对马克思主义、社会主义的信仰。马克思主义是我们认识世界、改造世界的强大思想武器，是人民的理论，是人民实现自身解放的思想体系；共产主义是人类社会发展的方向。当一个人拥有了对马克思主义、社会主义的信仰，就能拥有实现理想的向心力，在困难与挑战面前，才能不畏惧，不退缩，不放弃。

(2)坚定的信念使人具有强大的精神定力，不为诱惑所扰，不畏困难所惧，支撑着人不断克服艰难险阻，而全身心地践行理想。我们要增强对中国特色社会主义的信念，因为中国特色社会主义是科学社会主义，是中国共产党带领人民历经千辛万苦找到的实现中国梦的正确道路。中国特色社会主义是使我们国家快速发展起来，使我国人民生活水平快速提高起来的法宝。坚定了这份信念，我们个人才能不断成长成才，实现人生的发展。

(3)信心体现一个人是否具备实现理想的基础，是一个人解决不同问题的基本方法，是人前行的动力与保障。我们要树立实现中华民族伟大复兴的信心。实现中华民族伟大复兴，是中华民族近代以来最伟大的梦想，是一项光荣而艰巨的事业。个人理想只有与中华民族伟大复兴相结合才能变为现实，因此我们要同时树立起实现中华民族伟大复兴和实现个人理想的信心，在自己的岗位上发奋有为，为社会做出应有的贡献。

理想信念之火一经点燃就会产生巨大的精神力量。无论过去、现在还是将来，对马克思主义、共产主义的信仰，对中国特色社会主义的信念，对实现中华民族伟大复兴的中国梦的信心，都是指引和支撑中国人民站起来、富起来、强起来的强大精神力量。心中有信仰，脚下有力量。走好新时代的长征路，大学生要不断增强中国特色社会主义道路自信、理论自信、制度自信、文化自信，自觉做共产主义远大理想和中国特色社会主义共同理想的坚定信仰者、忠实实践者，为崇高理想信念而矢志奋斗。

因此，必须坚定信仰信念信心。

3. 从个人理想与社会理想辩证关系的角度，谈谈实现中华民族伟大复兴应当肩负的责任。

【答】得其大者可以兼其小。个人只有把人生理想融入国家和民族的事业中，才能最终成就一番事业。坚持和发展中国特色社会主义，实现中华民族的伟大复兴，是当代中国最大的现实，也是全体中国人民共同的社会理想。大学生要在社会理想的指引下，珍惜韶华、奋发有为，勇于追求个人理想，在实现社会理想的过程中努力实现个人理想。

实现中华民族伟大复兴，大学生应当肩负的责任就是立大志、明大德、成大才、担大任，具体而言，就是修身养德，努力成长成才，脚踏实地为中国特色社会主义事业而奋斗终生。这就需要大学生做到以下几点：

(1)立鸿鹄志，做奋斗者：立志当高远。大学生要立志为中华之崛起而读书，习得聪明才智报效祖国。

(2)心怀“国之大者”，敢于担当：立志做大事。今天，做大事就是投身于新时代中国特色社会主义伟大事业。无论从事什么具体、平凡的工作，只要是与中国特色社会主义事业相联系、服务祖国和人民的，就值得去做。

(3)自觉躬身实践，知行合一：立志须躬行。要脚踏实地，从自己做起，通过点滴积累实干兴邦。

第三章 继承优良传统 弘扬中国精神

知识框架

- 继承优良传统 弘扬中国精神
  - 中国精神是兴国强国之魂
    - 崇尚精神是中华民族的优秀传统
    - 中国精神的丰富内涵
      - 四个伟大
      - 中国共产党人的精神谱系
    - 实现中国梦必须弘扬中国精神
      - 必须弘扬的原因
      - 爱国主义的基本内涵
      - 改革创新的基本内涵与要求
      - 发明、创造与创新的区别与联系
  - 做新时代的忠诚爱国者
    - 坚持爱国爱党爱社会主义相统一
      - 爱国主义的本质
      - 爱国主义的基本要求和特点
    - 维护祖国统一和民族团结
    - 尊重和传承中华民族历史文化
    - 坚持立足中国与面向世界
      - 立足中国与面向世界的关系
      - 维护国家发展主体性
      - 维护国家安全
        - 总体国家安全观
        - 维护国家安全的义务
        - 统筹好发展和安全两件大事
      - 发明、推动构建人类命运共同体
  - 让改革创新成为青春远航的动力
    - 改革开放是当代中国的显著特征
    - 改革创新是新时代的迫切要求
      - 原因
      - 如何让一切创新源泉充分涌流
    - 做改革创新的生力军

内容导学

本章共三节，主要阐述实现中华民族伟大复兴的中国梦，必须弘扬中国精神。内容包括三个方面：一是中国精神的内涵及其重要性——中国精神是兴国强国之魂；二是做新时代的爱国者，主要谈民族精神的核心——爱国主义，落脚点是新时代的爱国主义；三是让改革创新成为青春远航的动力，主要谈时代精神的核心——改革创新，落脚点是新时代的改革创新。大家复习时，可以尝试去找到以下几个问题的答案，并着重把握。

(1)简述中华民族崇尚精神的优秀传统的表现。

(2)简述中国精神的丰富内涵和作用。

(3)简述民族精神、爱国主义及其科学内涵。

(4)简述时代精神及其要求。

(5)简述做新时代爱国者的基本要求。

(6)简述改革创新的意义。

(7)如何让改革创新成为青春远航的动力？

本章要把握的主要知识点有六个：中华民族崇尚精神的优秀传统的表现；中国精神的基本内涵及弘扬中国精神的重要意义；爱国主义的基本内涵；做忠诚爱国者的基本要求；时代精神的基本要求；改革创新的意义与充分实现。其中最核心的要属爱国主义的科学内涵及做忠诚的爱国者。

第一节　中国精神是兴国强国之魂

小节1　崇尚精神是中华民族的优秀传统

要点1　精神与中国精神

(1)精神是一个民族赖以长久生存的灵魂。

(2)中华民族传承不倒之因：中华民族生生不息、薪火相传的一个很重要的原因就是拥有孕育于中华民族悠久辉煌历史文化之中的伟大中国精神。文化传统作为一个民族群体意识的载体，常常被称为国家和民族的“胎记”，是一个民族得以延续的“精神基因”。

(3)中国精神作为兴国强国之魂，是实现中华民族伟大复兴不可或缺的精神支撑和精神动力。

小试牛刀1

1 作为一个民族群体意识的载体，常常被称为国家和民族的“胎记”，是一个民族得以延续的“精神基因”的是(　　)。

A. 宗教信仰　　B. 文化传统　　C. 风俗习惯　　D. 法治观念

【解】B。本题考查中华民族崇尚精神的优秀传统的表现。文化传统才是民族的“精神基因”。

要点2　中华民族崇尚精神的优秀传统的表现

(1)表现在对物质生活与精神生活相互关系的独到理解上。重视并崇尚精神生活是古代思想家们的主流观点。

(2)表现在中国古人对理想的不懈追求。如儒家把“仁爱和谐”视为最高的道德理想，墨家

把“兼爱”作为最高的道德理想。

(3)**表现为品格养成的重视**。古代思想家们对人的精神世界高度关注，尤其关注人的精神品格，呼吁“理想人格”，不仅对道德修养和道德教化理论进行了系统论述，而且提出了修身养性的具体方法以及家箴家训、乡规民约等教化方式。

小试牛刀 2

2 中华民族在五千多年的历史进程中，不仅创造出光辉灿烂、享誉世界的中华文明，也塑造出中华民族独特的精神气质和精神品格，形成了崇尚精神的优秀传统。中华民族崇尚精神的优秀传统表现在(　　)。

A. 对物质生活与精神生活相互关系的独到理解上

B. 中国古人对理想的不懈追求上

C. 对道德修养和道德教化的重视上

D. 对高尚人生境界和理想人格的推崇上

【解】ABCD。本题考查中华民族崇尚精神的优秀传统的表现。AB 两个选项知识点直接就有，CD 两个选项从知识点第三条中可以读出。

3 中华民族崇尚精神的优良传统，首先表现在对物质生活与精神生活相互关系的独到理解上。下列名言警句，体现这一点的是(　　)。

A. 为天地立心，为生民立命，为往圣继绝学，为万世开太平

B. 自天子以至于庶人，壹是皆以修身为本

C. 见贤思齐焉，见不贤而内自省也

D. 一箪食，一瓢饮，在陋巷，人不堪其忧，回也不改其乐

【解】D。本题考查中华民族崇尚精神的优秀传统的表现。四个选项有物质也有精神的只有 D。

小节 2　中国精神的丰富内涵

要点 1　中国精神的丰富内涵

伟人创造精神、伟大奋斗精神、伟大团结精神、伟大梦想精神，传承中华民族的宝贵精神基因，汲取时代的丰厚精神滋养，是对中国精神内涵的系统阐释。

(1)伟大创造精神。创新创造是中华民族最深沉的民族禀赋。

(2)伟大奋斗精神。

(3)伟大团结精神。

(4)**伟大梦想精神。盘古开天、女娲补天、伏羲画卦、神农尝草、夸父追日、精卫填海、愚公移山**等我国古代神话深刻反映了中国人民勇于追求和实现梦想的执着精神。

小试牛刀 3

4 2018 年 3 月 20 日，习近平在第十三届全国人民代表大会第一次会议上的讲话凝练概括了中国人民创造的中国精神，下面所说精神不在这一概括之列的是(　　)。

A. 伟大奉献精神　　B. 伟大奋斗精神

C. 伟大团结精神　　D. 伟大梦想精神

【解】A。本题考查中国精神的丰富内涵。中国精神可以概括为伟大创造精神、伟大奋斗精神、伟大团结精神、伟大梦想精神,伟大奉献精神不在此列。

5 在几千年历史长河中,中国人民始终心怀梦想、不懈追求,不仅形成了小康生活的理念,而且秉持天下为公的情怀。下列古代神话不全是深刻反映中国人民勇于追求和实现梦想的执着精神的一组是( )。

A. 盘古开天、女娲补天　　B. 伏羲画卦、神农尝草

C. 夸父追日、精卫填海　　D. 愚公移山、嫦娥奔月

【解】D。本题考查中国精神的丰富内涵。嫦娥奔月不是梦想精神,其他都是。

6 中国人民在长期奋斗中培育、继承、发展起来的伟大民族精神,为中国发展和人类文明进步提供了强大精神动力。下列哪个是中华民族最深沉的民族禀赋?( )

A. 爱好和平　　B. 创新创造　　C. 自强不息　　D. 勤劳勇敢

【解】B。本题考查中国精神的丰富内涵。中华文明发展前行的动力是伟大创造精神,创新创造是中华民族最深沉的民族禀赋。

7 在中华民族的历史上,从戚继光抗击倭寇到郑成功收复台湾,从三元里人民抗英到全民族抗日战争等,这些都表现了中华民族爱国主义优良传统中的( )。

A. 热爱祖国,矢志不渝　　B. 天下兴亡,匹夫有责

C. 维护统一,反对分裂　　D. 同仇敌忾,抗御外侮

【解】D。本题考查中国精神的丰富内涵。题干表现的是抵御外敌,只有D选项符合题意。

要点2 ▶ 中国精神的继承与弘扬

中国共产党是中华民族崇尚精神的优秀传统的忠实继承者和坚定弘扬者,在革命、建设、改革各个历史时期,形成了很多伟大精神——构筑起中国共产党人的精神谱系。这一精神谱系,极大丰富了中国精神的内涵。

(1)百年前,中国共产党的先驱们创建了中国共产党,形成了坚持真理、坚守理想,践行初心、担当使命,不怕牺牲、英勇斗争,对党忠诚、不负人民的伟大建党精神(红船精神——建党精神的重要表现),这是中国共产党的精神之源。接着井冈山精神、长征精神、遵义会议精神、延安精神、西柏坡精神、红岩精神、抗美援朝精神、"两弹一星"精神、特区精神、抗洪精神、抗震救灾精神、抗疫精神、脱贫攻坚精神等伟大精神,构筑起了中国共产党人的精神谱系。

(2)中国共产党人的精神谱系,是中国共产党领导人民在实践中集体奋斗和共同创造的,集中体现了党的坚定信念、根本宗旨、优良作风,凝聚着中国共产党人艰苦奋斗、牺牲奉献、开拓进取的伟大品格,深深融入我们党、国家、民族、人民的血脉之中,极大丰富了中国精神的内涵,鼓舞和激励中国人民攻坚克难,不断从胜利走向新的胜利。

小节3 实现中国梦必须弘扬中国精神

要点1 ▶ 为什么必须弘扬中国精神

中国精神是凝聚民族复兴的磅礴伟力,主要体现在中国精神是:

(1)凝聚中国力量的精神纽带。人民群众是历史发展和社会进步的主体力量。坚持和发展中国特色社会主义、实现中华民族的伟大复兴,最根本的力量在人民,最强大的力量在团结凝聚起来的人民。弘扬中国精神,对于维系中华民族的生存与发展、维护国家统一和民族团结发挥

着重要的凝聚作用。

(2)激发创新创造的精神动力。实现梦想、应对挑战、创造未来的动力,只能从发展中来、从改革中来、从创新中来。推进新时代的伟大事业,必须有创新创造、向上向前的强大精神奋发力,勇于变革、勇于创新,永不僵化、永不停滞,使全体人民始终保持昂扬向上的精神状态。

(3)推进复兴伟业的精神支柱。实现中华民族伟大复兴的中国梦,需要我们正确认识当代世界和中国发展大势,正确认识中国特色和国际比较,增强民族自尊心和自信心,坚定不移走自己的路,使全体人民拥有坚如磐石的精神和信仰力量,坚定不移把中国特色社会主义事业不断推向前进。

小试牛刀 4

8 实现中国梦必须弘扬中国精神,以下论述属于这一说法的原因的是(　　)。

A. 中国精神是兴国强国之魂

B. 中国精神是凝聚中国力量的精神纽带

C. 中国精神是激发创新创造的精神动力

D. 中国精神是推进复兴伟业的精神支柱

【解】ABCD。本题考查为什么必须弘扬中国精神。四个选项都是原因。

要点 2 ▶ 弘扬中国精神的两个方面

以爱国主义为核心的民族精神和以改革创新为核心的时代精神,构成了中国精神的基本内容,必须加以弘扬。

(1)弘扬以爱国主义为核心的民族精神。

① 民族精神是指一个民族在长期共同生活和社会实践中形成的,为本民族大多数成员所认同的价值取向、思维方式、道德规范、精神气质的总和。它是一个民族赖以生存和发展的精神支柱。民族精神的基本内容是:以爱国主义为核心的勤劳勇敢、自强不息、团结统一、爱好和平。

② 爱国主义体现了人们对自己祖国的深厚感情,揭示了个人对祖国的依存关系(调节对象),是人们对自己家园、民族和文化的归属感、认同感、尊严感与荣誉感的统一(表现形式),是调节个人与祖国之间关系的道德要求、政治原则和法律规范(价值与功能),也是中华民族精神的核心。爱国主义是中华民族的民族心、民族魂,是中华民族最重要的精神财富,是中国人民和中华民族维护民族独立和民族尊严的强大精神动力。

③ 爱国主义的基本内涵主要表现在四个方面:

一是爱祖国的大好河山。祖国的大好河山,不只是自然风光,更是主权、财富、民族发展和进步的基本载体。每一个爱国者都会把维护祖国领土的完整和统一作为自己的神圣使命和义不容辞的责任。

二是爱自己的骨肉同胞。骨肉同胞之爱反映了对民族利益共同体的自觉认同,对人民群众感情的深浅程度是检验一个人对祖国忠诚程度的试金石。

三是爱祖国的灿烂文化。文化是一个国家、一个民族的灵魂,是一个国家民族得以延续的精神基因,是培养民族心理、民族个性、民族精神的摇篮,是民族凝聚力的重要基础。爱祖国的灿烂文化,表现为对祖国优秀历史文化传统的认同和尊重、传承和发扬。

四是爱自己的国家。国家是个体成长的基本屏障和坚实依托,个体与国家之间相互依存、密不可分，这也是最深刻的爱国理由。祖国体现的是自然性、民族性；国家体现的是政治性、职能性。

(2)弘扬以改革创新为核心的时代精神。

① **时代精神**是一个国家和民族在新的历史条件下形成和发展的，是体现民族特质并顺应时代潮流的思想观念、价值取向、精神风貌和社会风尚的总和，是一种对社会发展具有积极影响和推动作用的集体意识。时代精神反映社会进步的发展方向，引领时代的进步潮流，是社会的主旋律和时代的最强音。以改革创新为核心的时代精神，是当代中国人民精神风貌的集中写照，是激发社会创造活力的强大力量。

② **改革创新精神**是时代精神的核心，贯穿于改革开放的全部实践，体现在时代精神的各个方面。**改革**是破除社会发展障碍、激发社会发展活力的引擎，**创新**则是民族进步的灵魂、国家兴旺发达的动力。改革创新精神既是对中华民族革故鼎新优良传统的继承弘扬，也是当代中国改革开放伟大实践中体现出来的精神品格和精神特征。

③ 弘扬以改革创新为核心的时代精神就是要(基本要求/主要体现)：

树立**突破陈规、大胆探索、敢于创造**的思想观念；

培养**不甘落后、奋勇争先、追求进步**的责任感和使命感；

保持**坚忍不拔、自强不息、锐意进取**的精神状态。

(3)民族精神与时代精神的辩证统一：民族精神与时代精神紧密关联，都是一个民族赖以生存和发展的精神支撑。

① 一切民族精神都曾经是一定历史阶段中带动潮流、引领风尚、推动社会发展的时代精神。同时，一切时代精神都将随着历史的变迁逐步融入民族精神之中，不断丰富和发展民族精神的时代内涵。

② 弘扬和培育民族精神，必须自觉回应时代的要求，从而为当下的实践提供精神力量；弘扬和培育时代精神，必须立足民族精神的根基，使时代精神始终具有引领民族前行的强大吸引力和感召力。

③ 民族精神和时代精神共同构成了我们当今时代的中国精神。民族精神赋予中国精神以民族特征，是中华民族的精神独立性得以保持的重要保证；时代精神赋予中国精神以时代内涵，是中国精神引领时代前行、拥有鲜明时代性和强大生命力的重要根源。

④ 民族精神和时代精神的交融汇通，使得中国精神既具有鲜明的民族性，又洋溢着强烈的时代性，成为中华民族共有的精神家园、奋力实现复兴的强大精神力量。

小试牛刀 5

9 关于勤劳勇敢的中国人民在长期奋斗中培育、继承、发展起来的以爱国主义为核心的伟大民族精神的说法，下列正确的是(　　)。

A. 这一精神为中国发展提供了强大精神动力

B. 这一精神是坚定中国特色社会主义道路自信、理论自信、制度自信、文化自信的底气

C. 这一精神为人类文明进步提供了强大精神动力

D. 这一精神是中华民族风雨无阻、高歌行进的根本力量

【解】ABCD。本题考查民族精神的作用。四个选项都是。

10 时代精神与民族精神是社会主义核心价值体系的精髓，二者紧密相连，是一个民族赖以生

存发展的精神支撑。下列说法具体体现二者紧密相连的是(　　)。

A. 一切民族精神都曾经是一定历史阶段中的时代精神

B. 一切时代精神都将随着历史的变迁逐步融入民族精神的长河之中

C. 民族精神赋予中国精神以民族特征,时代精神赋予中国精神以时代内涵

D. 民族精神和时代精神的交融汇通,使得中国精神具有鲜明的民族性和强烈的时代性

【解】ABCD。本题考查时代精神与民族精神的关系。四个选项都是。

11 2012年9月10日,日本政府宣布"购买"钓鱼岛及其附属岛屿。此后几天,我国不少地方的群众尤其是青年人自发走上街头,抗议日本政府的非法"购岛"行径,表达了中国人民的正义立场和爱国精神,形成了维护主权、捍卫领土的强大声势。爱祖国的大好河山是爱国主义的基本内涵之一,这是因为(　　)。

A. 祖国的河山在人们心中占据着至高无上的地位

B. 祖国的山山水水滋养哺育着她的子子孙孙

C. 祖国的大好河山是自然风光,更是主权、财富、民族发展和进步的基本载体

D. 祖国的大好河山是培养民族心理、民族个性、民族精神的"摇篮"

【解】ABC。本题考查爱国主义的基本内涵。前三个选项都是爱祖国的大好河山的原因,D选项是爱祖国灿烂文化的原因。

12 爱国主义体现了人们对自己祖国的深厚感情,揭示了个人对祖国的依存关系,是人们对自己家园、民族和文化的归属感、认同感、尊严感与荣誉感的统一。下列关于爱国主义的说法错误的是(　　)。

A. 爱国主义是调节个人与祖国之间关系的道德要求

B. 爱国主义是调节个人与祖国之间关系的政治原则

C. 爱国主义是调节个人与祖国之间关系的法律规范

D. 爱国主义是中华民族精神的核心,它既抽象又具体,不随历史变迁而发生改变

【解】D。本题考查爱国主义的作用。前三个选项都是爱国主义的作用;爱国主义的内涵会随着时代变化,故D选项错误。

13 爱国主义是调节个人和祖国之间关系的道德要求、政治原则和(　　)。

A. 内心信念　　B. 法律规范　　C. 自觉行为　　D. 传统美德

【解】B。本题考查爱国主义的作用。爱国主义是调节个人和祖国之间关系的道德要求、政治原则和法律规范,因为爱国主义被写进法律。

14 下列对爱国主义科学内涵的陈述正确的是(　　)。

A. 爱国主义体现了人民群众对自己祖国的深厚感情,反映了个人对祖国的依存关系

B. 爱国主义是人们对自己故土家园、民族和文化的归属感、认同感、尊严感与荣誉感的统一

C. 爱国主义是调节个人与祖国之间关系的道德要求、政治原则和法律规范

D. 爱国主义是时代精神的核心

【解】ABC。本题考查爱国主义的作用。前三个选项和知识点相符;时代精神的核心是改革创新,故D选项错误。

15 2013年国庆周,继2012年此时央视播出《你幸福吗?》采访后,中央电视台策划节目《爱国让你想起了什么?》,走遍全国各地,采访各个阶层的人民,提出的问题都与爱国有关,包括

“你对别人说过爱国吗?”“哪一种爱国方式打动过你?”“说到爱国,你会想起哪一首歌? 哪一个人?”“你对爱国是怎么理解的?”等。尽管回答不尽相同,但确实引起了人们对爱国主义内涵及相关内容的更大关注。下列不属于爱国主义的基本内涵的是(　　)。

A. 爱祖国的大好河山　　B. 爱自己的骨肉同胞

C. 爱祖国灿烂的文化、爱自己的国家　　D. 爱社会主义

【解】D。本题考查爱国主义的基本内涵。前三个选项和知识点相符;爱社会主义是爱国主义具体到时代的时代要求,故D选项错误。

16 俄国小说家屠格涅夫的名句“俄罗斯可以没有我,我不能没有俄罗斯”,形象地反映了作家的爱国主义情怀。检验一个人对祖国忠诚程度的试金石是其(　　)。

A. 对人民群众感情的深浅程度　　B. 对祖国大好河山的热爱程度

C. 对祖国灿烂文化的认同程度　　D. 对民族优良传统的熟悉程度

【解】A。本题考查爱国主义的基本内涵。对祖国忠诚程度的试金石是对人民群众感情的深浅程度。

17 主权、财富、民族发展和进步的基本载体是(　　)。

A. 祖国的大好河山　　B. 祖国的灿烂文化

C. 广大的人民群众　　D. 国家

【解】A。本题考查爱国主义的基本内涵。祖国的大好河山是载体。

18 在五千多年的历史发展中,中华民族形成了伟大民族精神。中华民族伟大民族精神的核心是(　　)。

A. 团结统一　　B. 爱国主义　　C. 勤劳勇敢　　D. 自强不息

【解】B。本题考查民族精神的核心。民族精神的核心是爱国主义。

19 爱国主义的基本内涵之一是爱祖国的灿烂文化。下面关于文化传统的说法正确的是(　　)。

A. 它是一个民族群体意识的载体,常常被称为国家和民族的“胎记”

B. 它是一个国家和民族得以延续的“精神基因”

C. 它是培养民族心理、民族个性、民族精神的“摇篮”

D. 它是民族凝聚力的重要基础

【解】ABCD。本题考查爱国主义的基本内涵。四个选项都是文化传统的作用。

20 伟大的人生目标往往产生于对祖国深厚的爱。　　(　　)

A. 正确　　B. 错误

【解】A。本题考查爱国主义的作用。论述正确。

21 爱自己的同胞就是爱人民群众。　　(　　)

A. 正确　　B. 错误

【解】A。本题考查爱国主义的基本内涵。论述正确。

22 科学没有国界,但科学家有祖国。　　(　　)

A. 正确　　B. 错误

【解】A。本题考查爱国主义的基本内涵。论述正确。

23 我们要大力弘扬的时代精神是当代中国人民精神风貌的集中写照,是激发社会创造活力的强大力量。时代精神的核心是(　　)。

A. 一往无前　　B. 知难而进　　C. 务求实效　　D. 改革创新

【解】D。本题考查时代精神的核心。时代精神的核心是改革创新。

24 改革创新精神的体现不包括(　　)。

A. 突破陈规、大胆探索、敢于创造的思想观念

B. 不甘落后、奋勇争先、追求进步的责任感和使命感

C. 坚忍不拔、自强不息、锐意进取的精神状态

D. 天下兴亡、匹夫有责的宽广情怀

【解】D。本题考查改革创新的体现。前三个选项都是改革创新精神的体现;D选项体现的是爱国主义精神,与改革创新精神无关。

25 李大钊曾写下“铁肩担道义,妙手著文章”的警句。这句话表明,若想树立改革创新的自觉意识,我们应该(　　)。

A. 树立突破陈规陋习的自觉意识　　B. 树立大胆探索未知领域的信心和勇气

C. 树立以创新创造为目标的走向　　D. 增强改革创新的责任感

【解】D。本题考查改革创新的体现。铁肩要担道义,妙手要著文章,这体现的是敢于担当,体现的是改革创新的责任感。

26 王安石《游褒禅山记》中所言:“而世之奇伟、瑰怪,非常之观,常在于险远,而人之所罕至焉,故非有志者不能至也。”这句话表明,若想树立改革创新的自觉意识,我们应该(　　)。

A. 树立突破陈规陋习的自觉意识　　B. 树立大胆探索未知领域的信心和勇气

C. 树立以创新创造为目标的走向　　D. 增强改革创新的能力本领

【解】B。本题考查改革创新的体现。而“人之所罕至焉,故非有志者不能至也”,这体现了探索未知的信心和勇气。

27 时代精神与民族精神的关系是(　　)。

A. 时代精神是民族精神的时代性体现

B. 民族精神是时代精神形成的重要基础和依据

C. 时代精神与民族精神是割裂的

D. 时代精神和民族精神的有机统一,构成了中国精神的本质内涵

【解】ABD。本题考查时代精神与民族精神的关系。ABD三个选项都是时代精神与民族精神的关系;时代精神与民族精神紧密相连,故C选项错误。

28 时代精神与民族精神紧密相连,时代精神是民族精神形成的重要基础和依托。　(　　)

A. 正确　　B. 错误

【解】B。本题考查时代精神与民族精神的关系。民族精神是时代精神形成的重要基础和依托。

要点3 ▶ 发明、创造与创新的区别与联系

第一,创新是一个经济学范畴的概念,必须有收益。如果根据新的思想,生产出新的产品,虽然很新颖,但是不能应用、没有收益,则可称之为发明创造,不是严格意义上的创新。

第二,发明创造是一个绝对的概念,而创新则是相对的概念。发明创造在“首创”或“第一”问题上是绝对的。创新有一个相对的范围,不必先考虑过去是否有人在部门、系统内做过,只应了解做的程度如何,做了以后会有哪些进步,同时这个进步可以有收益,这就是创新。

第三,发明创造既有促进社会发展的积极发明创造,也有阻碍社会发展的消极“发明创造”;

而创新必须是促进社会发展的积极创造。

第四，创造强调第一次的首创，也可以是全盘否定后的全新创造；创新则更强调永无止境的更新，它一般并不是对原有事物的全盘否定，而通常是在辩证的否定中螺旋上升。

第二节 做新时代的忠诚爱国者

小节1 坚持爱国爱党爱社会主义相统一

要点1 ▶ 坚持爱国爱党爱社会主义相统一

(1)总论：

当代中国，**爱国主义的本质**就是坚持爱国和爱党、爱社会主义高度统一。在当代中国，**爱国主义首先体现**在对社会主义中国的热爱上。只有坚持爱国和爱党、爱社会主义相统一，爱国主义才是鲜活的、真实的，这是当代中国**爱国主义精神最重要的体现。**

(2)为什么要坚持爱国爱党爱社会主义相统一

① 我们爱的“国”是中国共产党领导的社会主义中国。社会主义在中国不是一句空洞的口号，而是集中代表着、体现着、实现着国家、民族和人民的根本利益。中国共产党的领导是中国特色社会主义最本质的特征。中国共产党是中国工人阶级的先锋队，是中国人民和中华民族的先锋队，是中国特色社会主义事业的坚强领导核心。坚定拥护中国共产党的领导，是中华民族走向伟大复兴、中国特色社会主义事业走向成功的必然要求，也是新时代爱国主义的必然要求。爱国爱党爱社会主义的统一是中国历史发展的必然结果。**在现阶段，爱国主义主要表现为在中国共产党的领导下献身于**建设新时代中国特色社会主义伟大事业，**献身于**实现中华民族伟大复兴中国梦的实践，**献身于**促进祖国统一大业。

② 爱国爱党爱社会主义统一于实现中华民族伟大复兴的历史进程。虽然不同历史时期爱国主义的内涵和表现形式有所不同，但本质上是爱国爱党爱社会主义的高度统一，都统一于实现中华民族伟大复兴的中国梦的鲜活实践之中。

小试牛刀1

1 保持爱国主义的鲜活和真实，要做到与时俱进，那么新时代中国爱国主义精神最重要的体现是(　　)。

A. 坚持爱国和爱人民、爱社会主义相统一　　B. 坚持爱党和爱人民、爱社会主义相结合

C. 坚持爱国和爱党、爱社会主义相统一　　D. 坚持爱国和爱党、爱社会主义相结合

【解】C。本题考查坚持爱国爱党爱社会主义相统一。只有坚持爱国和爱党、爱社会主义相统一，爱国主义才是鲜活的、真实的，这是当代中国爱国主义精神最重要的体现。

2 在当代中国，爱国主义首先体现在(　　)。

A. 对社会主义中国的热爱　　B. 对人民群众的热爱

C. 对港澳台同胞和海外侨胞的热爱　　D. 对马克思主义的热爱

【解】A。本题考查坚持爱国爱党爱社会主义相统一。在当代中国，爱国主义首先体现在对社会主义中国的热爱上。

3　爱国主义与爱社会主义的统一是中国历史发展的必然结果。（　　）

A. 正确　　B. 错误

【解】A。本题考查坚持爱国爱党爱社会主义相统一。论述正确。

要点 2　爱国主义的基本要求和特点

（1）爱国主义的基本要求：

爱自己的国家，拥护国家的基本制度，遵守国家的宪法法律，维护国家安全和统一，捍卫国家的利益，为国家繁荣发展贡献自己的力量，是爱国主义的基本要求。

（2）爱国主义的特点：

爱国主义是历史的、具体的，在不同的历史条件和文化背景下所形成的爱国主义，总是具有不同的内涵和特点。爱国主义的丰富性和生命力，正是通过它的历史性和具体性来表现的。

小试牛刀 2

4　爱国主义是历史的、具体的，在不同的历史时代和文化背景下所产生的爱国主义，总是具有不同的内涵。（　　）

A. 正确　　B. 错误

【解】A。本题考查爱国主义的特点。论述正确。

小节 2　维护祖国统一和民族团结

要点 1　维护祖国统一和民族团结总论

祖国统一和民族团结是中华民族的根本利益所在，弘扬新时代爱国主义，要坚持以维护祖国统一和民族团结为着力点和落脚点。新时期的爱国统一战线已经成为工人阶级领导的，以工农联盟为基础的，包括全体社会主义劳动者、社会主义事业的建设者、拥护社会主义的爱国者、拥护祖国统一和致力于中华民族伟大复兴的爱国者的广泛的爱国统一战线。

小试牛刀 3

5　在新的时代条件下，弘扬爱国主义精神，重要着力点和落脚点是（　　）。

A. 维护祖国统一和民族团结　　B. 维护国家安定和人民幸福

C. 维护党的领导和社会主义　　D. 维护国家泰平和世界和平

【解】A。本题考查维护祖国统一和民族团结。弘扬新时代爱国主义，要坚持以维护祖国统一和民族团结为着力点和落脚点。

6　新时期爱国统一战线是全体社会主义劳动者、拥护社会主义的爱国者和拥护祖国统一的爱国者的最广泛的联盟。（　　）

A. 正确　　B. 错误

【解】B。本题考查维护祖国统一和民族团结。题干论述缺少社会主义事业的建设者和致力于中华民族伟大复兴的爱国者，因此无法组成最广泛的爱国统一战线。

要点 2　维护和推进祖国统一

（1）新时期如何保证港澳地区的长久稳定繁荣：

① 香港、澳门与祖国内地的命运始终紧密相连，实现中华民族伟大复兴的中国梦，需要香

港澳门与祖国内地坚持优势互补、共同发展，需要港澳同胞与内地人民坚持守望相助、携手共进。

② 要始终准确把握“一国”和“两制”的关系，“一国”是根，根深才能叶茂；“一国”是本，本固才能枝荣。坚定不移贯彻“一国两制”方针，要把维护中央对香港、澳门特别行政区全面管治权和保障特别行政区高度自治权有机结合起来，把中央依法行使权力和特别行政区履行主体责任有机结合起来，把发挥祖国内地坚强后盾作用和提高港澳自身竞争力有机结合起来，确保“一国两制”方针不会变、不动摇，确保“一国两制”实践不变形、不走样。

③ 任何危害国家主权安全、挑战中央权力和特别行政区基本法权威的活动，都是对底线的触碰，都是绝不能允许的。

(2)新时期如何解决“台湾问题”：

① 维护国家主权和领土完整、实现祖国完全统一是大势所趋、大义所在、民心所向。首先，坚持一个中国原则，这是两岸关系的政治基础。体现一个中国原则的“九二共识”明确界定了两岸关系的根本性质，是确保两岸关系和平发展的关键。“和平统一、一国两制”是解决台湾问题的基本方针。其次，推进两岸交流合作。在两岸关系大局稳定的基础上，双方应该为深化经济、科技、文化、教育等领域合作采取更多积极举措，提供更多政策支持，创造更加便利的条件，开创两岸关系和平发展新前景。最后。促进两岸同胞团结奋斗。双方应秉持“两岸一家亲”的理念，巩固和扩大两岸关系发展成果。凡是有利于增进两岸同胞共同福祉的事情，我们都应尽最大努力做好。

② “统则强、分则乱”，要坚决遏制“台独”，要贯彻《反分裂国家法》，旗帜鲜明地反对一切损害两岸关系的言行。要清楚维护国家主权和领土完整是国家的核心利益。爱国主义与拥护祖国统一的一致性，是对全体中华儿女的基本要求。

小试牛刀 4

7 热爱祖国，维护祖国统一，是中华民族的光荣传统，也是我国公民的基本义务。为此，我们要做到(　　)。

A. 始终坚持一个中国原则　　B. 持续推进两岸交流合作

C. 努力促进两岸同胞团结奋斗　　D. 坚决反对“台独”分裂图谋

【解】ABCD。本题考查维护和推进祖国统一。四个选项都正确。

8 维护国家主权和领土完整，是国家的核心利益。(　　)

A. 正确　　B. 错误

【解】A。本题考查维护和推进祖国统一。论述正确。

9 爱国主义与拥护祖国统一的一致性，是对全体中华儿女的基本要求。(　　)

A. 正确　　B. 错误

【解】A。本题考查维护和推进祖国统一。论述正确。

要点 3 ▶ 促进民族团结

多民族是我国的一大特色，也是我国发展的一大有利因素。中华民族和各民族的关系，是一个大家庭和家庭成员的关系；各民族的关系，是一个大家庭里不同成员的关系。

要深化对党的民族理论和民族政策的认识，认真学习国家关于民族事务的法律法规，深入

了解中华民族“多元一体”的发展历史，坚定“汉族离不开少数民族，少数民族离不开汉族，各少数民族之间也相互离不开”的思想观念。

要铸牢中华民族共同体意识，加强各民族交往交流交融，促进各个民族像石榴籽那样紧紧抱在一起，共同团结奋斗、共同繁荣发展。

要认清“藏独”“疆独”等各种分裂主义势力的险恶用心和反动本质，坚持原则、明辨是非，不信谣、不传谣，不受分裂分子挑拨煽动，不参与违法犯罪活动，与破坏民族团结的行为作坚决斗争。

要牢固树立正确的国家观、民族观、文化观、历史观，增强对伟大祖国的认同、对中华民族的认同、对中华文化的认同、对中国共产党的认同、对中国特色社会主义道路的认同，构建各民族共有精神家园。

小节 3　尊重和传承中华民族历史文化

要点 1 为什么要尊重和传承中华民族历史文化

(1)历史文化是民族生生不息的丰厚滋养。

① 对祖国悠久历史、深厚文化的理解和接受，是人们爱国主义情感培育和发展的重要条件。中华优秀传统文化是中华民族的精神命脉，其中蕴涵着中华民族世世代代形成和积累的思想营养和实践智慧，是中华民族得以延续的文化基因，也是我们在世界文化激荡中站稳脚跟的根基。中华文化独一无二的理念、智慧、气度、神韵，增添了中国人民和中华民族内心深处的自信和自豪。

② 历史是一面镜子，历史也是一位智者；历史是最好的教科书、清醒剂和营养剂。

(2)抛弃传统、丢掉根本，就等于割断了自己的精神命脉。

历史和现实都表明，一个抛弃了或者背叛了自己历史文化的民族，不仅不可能发展起来，而且很可能上演一场历史悲剧。我们不是历史虚无主义者，也不是文化虚无主义者，不能数典忘祖、妄自菲薄，要旗帜鲜明地反对历史虚无主义。

把历史视为一种无主体的偶然结果，否定历史唯物主义与历史决定论，这种“虚无主义”就是历史虚无主义。历史虚无主义通过否定历史主体，颠覆唯物史观，历史虚无主义强调个体性叙事，通过对个案的展示，用个体历史的细节研究来演绎整体历史。历史虚无主义打着“解放思想”“反思历史”“范式转换”等旗号，以主观代替客观、以细节代替整体、以臆想代替史实、以支流代替主流，进而歪曲历史、消解革命、否定崇高。历史虚无主义背离唯物史观，“恶搞”“戏说”“重评”历史，质疑和颠覆历史知识的客观性、科学性，全面解构马克思主义史学关于中国近现代史的基本结论，目的却不是为了深化历史研究，而是要否定马克思主义的指导地位和中国走向社会主义的历史必然性，否定中国共产党的领导。

历史虚无主义在当下的特点：一是传播手段网络化；二是传播内容碎片化；三是传播受众低龄化；四是思想观点隐蔽化；五是理论外衣新潮化。

小节 4　坚持立足中国又面向世界

要点 1 如何弘扬新时代的爱国主义

弘扬新时代的爱国主义，要求我们正确处理好立足中国与面向世界的辩证统一关系，既要尊重各国的历史特点、文化传统,尊重各国人民选择的发展道路,从不同文明中寻求智慧、汲取营养,增强中华文明生机活力,又要积极倡导求同存异、交流互鉴,促使不同国度、不同文明相互借鉴、共同进步,共同推动人类文明发展进步。

要点 2 维护国家发展主体性

(1)国家具有实施阶级政治统治的职能、管理社会经济文化生活的职能和维护国家主权的职能,是人类共同体的最高政治形式。在参与经济全球化的过程中,必须坚定地捍卫自己国家的利益,在参与经济全球化的过程中,一定要保持清醒的认识,既充分利用经济全球化所提供的机遇发展自己,又坚决维护国家的主权和尊严,按照本国国情坚持、发展自己的政治制度和民族文化。

(2)经济全球化条件下,必须维护国家发展主体性,主要依据如下:经济全球化是世界经济发展的必然趋势,但不等于全球政治、文化一体化。经济全球化条件下,国家仍然是本民族整体利益的最具权威的代表。主要表现在:在经济全球化条件下,国家仍然是民族存在的最高组织形式;在经济全球化条件下,民族国家仍然是国际社会的最强大的独立主体;在经济全球化条件下,国家是经济全球化正常发展的最具实力的保障力量。

(3)有人认为,世界各地的人都在吃汉堡、喝可乐、穿牛仔裤、看好莱坞电影,经济全球化时代不需要爱国主义,这种说法是错误的。首先,各国之间的利益冲突和竞争强化了人们的爱国主义情感。其次,经济全球化不等于政治全球化,更不意味着政治一体化。再次,爱国主义是传承文化传统、保持文化多样性的要求。最后,弘扬爱国主义能够从民族文化中获取不竭的力量。

(4)三种爱国主义:

① 狭隘的民族主义:自己的民族比其他民族优越,片面强调促进和提高本民族利益和本民族文化,以对抗和排斥其他民族的利益和文化。诸如抵制日货,打砸日本车和日本在华企业等极端、暴力的不理智爱国行为都是狭隘民族主义的一种表现。

② 大国沙文主义:宣扬本国或本民族的利益高于其他国家和民族的利益,主张以武力侵略或征服控制其他弱小民族,煽动民族仇恨,如日本的军国主义以及苏联和美国在冷战中所表现的对世界的宰割倾向。

③ 中国的爱国主义:提倡一种胸襟开放的爱国主义,它主张以宽广的眼光观察世界,以积极理性的姿态参与全球化,在争取和维护本民族利益的同时,兼顾国际全局和他国利益,既要热爱自己的国家,又要尊重其他民族;既不盲目排外,又不盲目崇洋,以一种包容自信的大国姿态来塑造中国人在国际舞台上的良好形象。

小试牛刀 5

10 经济全球化是当今时代发展的重要趋势。在这一背景下,人们对如何处理爱国主义与参与经济全球化的关系形成了许多不同的观点。下列观点中正确的是(　　)。

A. 爱国主义已经过时　　B. 民族国家的界限已经不太明显

C. 把国家的主权和安全放在第一位　　D. 不要过分强调自己的主权和利益

【解】C。本题考查维护国家发展主体性。爱国主义不过时,故 A 选项错误;国家仍然是本民族整体利益的最具权威的代表,故 B 选项错误;国家的主权和利益至关重要,故 D 选项错误。

11 在经济全球化背景下弘扬爱国主义精神,必须(　　)。

A. 提高民族自尊心和民族自信心

B. 对本民族进行完全的颂扬和崇拜

C. 彻底否定本民族的文化和历史传统

D. 从经济基础到上层建筑的一切领域都要做到与西方全面接轨

【解】A。本题考查维护国家发展主体性。本民族虽然好，但内部也有坏人，故 B 选项错误；本民族的文化传统要辩证看待，故 C 选项错误；要辩证对待西方文化，故 D 选项错误。

12 经济全球化必然导致政治、文化一体化，所以我们必须与时俱进，积极学习和吸收其他国家的政治制度和民族文化。（ ）

A. 正确 B. 错误

【解】B。本题考查维护国家发展主体性。经济全球化是世界经济发展的必然趋势，但不等于全球政治、文化一体化。

13 经济全球化是当今时代发展的重要趋势。它的发展使世界各国在经济上的联系日益紧密，同时在政治上和文化上也趋于一体化。（ ）

A. 正确 B. 错误

【解】B。本题考查维护国家发展主体性。经济全球化是世界经济发展的必然趋势，但不等于全球政治、文化一体化。

14 全球化特别是经济全球化与爱国主义思想行为是根本冲突的。（ ）

A. 正确 B. 错误

【解】B。本题考查维护国家发展主体性。爱国主义不妨碍经济全球化，相反国家是经济全球化正常发展的最具实力的保障力量。

15 下列有关经济全球化与爱国主义之间关系的理解正确的是（ ）。

A. 在经济全球化背景下爱国主义已经过时

B. 在经济全球化条件下国家仍然是民族存在的最高组织形式

C. 在经济全球化过程中要始终维护国家的主权和尊严

D. 要坚持爱国主义就必须坚决抵制经济全球化

【解】BC。本题考查维护国家发展主体性。爱国主义不过时，故 A 选项错误；爱国主义不妨碍经济全球化，相反国家是经济全球化正常发展的最具实力的保障力量，故 D 错误。

要点 3 ▶ 自觉维护国家安全

（1）**确立总体国家安全观。**

① **国家安全**是指一个国家不受内部和外部的威胁、破坏而保持稳定有序的状态。国家安全问题事关国家安危和民族存亡。

传统安全：主要是指军事、政治、外交等方面的安全。按照威胁程度的大小，可以划分为军备竞赛、军事威慑和战争三类。传统安全是国际关系的主题，一般指与国家间军事行为有关的冲突。传统安全主要指的是国家安全。

非传统安全是非军事、政治和外交等新安全领域中的全球安全、国家安全和人的安全，通过互信、互利、平等、协作而形成的不受任何形式的危险、威胁、侵害和误导的外在状态和形式及内在主体感受，与传统安全相对应，也用以指与传统安全观相对应的新安全观。

② **为何要确立总体国家安全观。**当前，我国国家安全内涵和外延比历史上任何时候都要丰富，时空领域比历史上任何时候都要宽广，内外因素比历史上任何时候都要复杂，必须坚持总体国家安全观，坚持国家利益至上，以人民安全为宗旨，以政治安全为根本，以经济安全为基础，

以军事、文化、社会安全为保障,以促进国际安全为依托,走出一条中国特色国家安全道路。

③ 如何确立总体国家安全观。确立总体国家安全观,必须既重视外部安全,又重视内部安全;既重视国土安全,又重视国民安全;既重视传统安全,又重视非传统安全;既重视发展问题,又重视安全问题。要坚持走和平发展道路,既重视自身安全,又重视共同安全,打造命运共同体,推动世界朝着互利互惠、共同安全的目标相向而行。

(2)**增强国防意识,履行维护国家安全的义务。**

① 我国的国防是全民的国防。必须坚持底线思维、居安思危、未雨绸缪。

② 维护国家安全的义务包括:依照法律服兵役和参加民兵组织的义务,保守国家秘密的义务,为国防建设和国家安全工作提供便利条件或其他协助的义务,在国家安全机关调查了解有关危害国家安全的情况下如实提供有关证据、情况的义务,及时报告危害国家安全行为的义务,不得非法持有、使用专用间谍器材的义务,不得非法持有国家秘密文件、资料和其他物品的义务等。

(3)**统筹好发展和安全两件大事。安全是发展的前提,发展是安全的保障。**既要善于运用发展成果夯实国家安全的实力基础,又要善于塑造有利于经济社会发展的安全环境;坚持人民安全、政治安全、国家利益至上的有机统一,人民安全是国家安全的宗旨,政治安全是国家安全的根本,国家利益至上是国家安全的准则,实现人民安居乐业、党的长期执政、国家长治久安;坚持立足于防,又有效处置风险。

小试牛刀 6

16 当前,我国国家安全内涵和外延比历史上任何时候都要丰富,时空领域比历史上任何时候都要宽广,内外因素比历史上任何时候都要复杂,必须坚持总体国家安全观,既重视外部安全,又重视内部安全;既重视国土安全,又重视国民安全;既重视传统安全,又重视非传统安全;既重视发展问题,又重视安全问题。总体国家安全观的根本是(　　)。

A. 经济安全　　B. 政治安全

C. 军事、文化、社会安全　　D. 国际安全

【解】B。本题考查总体国家安全观。总体国家安全观的根本是政治安全。

17 国家安全是指一个国家不受内部和外部的威胁、破坏而保持稳定有序的状态。国家安全问题事关国家安危和民族存亡。因此,必须坚持总体国家安全观,坚持国家利益至上。下列关于国家安全观的说法错误的是(　　)。

A. 坚持总体国家安全观以人民安全为宗旨

B. 坚持总体国家安全观以政治安全为根本

C. 坚持总体国家安全观以经济安全为基础

D. 坚持总体国家安全观以促进国际安全为保障

【解】D。本题考查总体国家安全观。总体国家安全观,坚持国家利益至上,以人民安全为宗旨,以政治安全为根本,以经济安全为基础,以军事、文化、社会安全为保障,以促进国际安全为依托。

18 2018年4月17日,习近平在十九届中央国家安全委员会第一次会议上再一次强调,全面贯彻落实总体国家安全观,必须坚持统筹发展和安全两件大事。关于落实这两件大事的说法错误的是(　　)。

A. 要善于运用发展成果夯实国家安全的实力基础

B. 要善于塑造有利于经济社会发展的安全环境

C. 要坚持政治安全、军事安全、经济安全的有机统一

D. 要坚持立足于防，又有效处置风险

【解】C。本题考查总体国家安全观。要坚持人民安全、政治安全、国家利益至上的有机统一。

19 国家安全是指一个国家不受内部和外部的威胁、破坏而保持稳定有序的状态。当前，我国国家安全内涵和外延比历史上任何时候都要丰富，时空领域比历史上任何时候都要宽广，内外因素比历史上任何时候都要复杂，必须坚持总体的国家安全观，其宗旨是(　　)。

A. 经济安全　　B. 政治安全　　C. 人民安全　　D. 国际安全

【解】C。本题考查总体国家安全观。总体国家安全观的宗旨是人民安全。

20 大学生维护国家安全的主要义务有(　　)。

A. 依照法律服兵役和参加民兵组织的义务

B. 保守国家秘密的义务

C. 为国防建设和国家安全提供便利条件或其他协助的义务

D. 不得非法持有、使用专用间谍器材的义务

【解】ABCD。本题考查维护国家安全的义务。四个选项都是维护国家安全的主要义务。

21 自觉维护国家利益，就要承担对国家应尽的义务。(　　)

A. 正确　　B. 错误

【解】A。本题考查维护国家安全的义务。论述正确。

22 国防安全是国家安全的基础。(　　)

A. 正确　　B. 错误

【解】B。本题考查总体国家安全观。经济安全是国家安全的基础。

23 国家安全是指一个国家不受内部和外部的威胁、破坏而保持稳定有序的状态。(　　)

A. 正确　　B. 错误

【解】A。本题考查国家安全的概念。论述正确。

24 增强国防观念是当代大学生在新时期爱国主义的重要内容。(　　)

A. 正确　　B. 错误

【解】A。本题考查增强国防意识。论述正确。

要点 4 ▶ 推动构建人类命运共同体

(1)**原因**：当今世界，没有哪个国家能够独自应对人类面临的各种挑战，也没有哪个国家能够退回到自我封闭的孤岛。如何共同建设一个持久和平、普遍安全、共同繁荣、开放包容、清洁美丽的世界，是全人类的共同利益和共同价值追求。中国人民的梦想同各国人民的梦想息息相通，实现中国梦离不开和平的国际环境和稳定的国际秩序。

(2)**特点**：构建人类命运共同体的理念，源于中国，属于世界，是中国与世界的交响协奏。

(3)**方法**：要有更加宽广的世界胸怀和全球视野，为维护人类共同利益、推动人类文明发展进步提供中国智慧，始终做世界和平的建设者、全球发展的贡献者、国际秩序的维护者。

整节总结要点 ▶ 如何做新时代忠诚的爱国者

爱国主义包含情感(对祖国的一种直接感受和情绪体验)、思想(对祖国的理性认识)和行为(身体力行、报效祖国的实际行动)三个基本方面。爱国既需要情感的基础，也需要理性的认识，

更需要实际的行动。新时代，做忠诚的爱国者，就是要：

(1)坚持爱国爱党爱社会主义相统一。

只有坚持爱国和爱党、爱社会主义相统一，爱国主义才是鲜活的、真实的，这是当代中国爱国主义精神最重要的体现。

(2)积极维护祖国统一和民族团结。

国家统一和民族团结是中华民族的根本利益所在，弘扬新时代爱国主义，要坚持以维护祖国统一和民族团结为着力点和落脚点。

① 维护和推进祖国统一。推进祖国统一，必须保持香港、澳门长期繁荣稳定。实现祖国完全统一，必须从中华民族整体利益的高度把握两岸关系大局：坚持一个中国原则，推进两岸交流合作，促进两岸同胞团结奋斗，反对“台独”分裂图谋。

② 促进民族团结。要深化对党的民族理论和民族政策的认识，认真学习国家关于民族事务的法律法规，深入了解中华民族“多元一体”的发展历史，坚定“汉族离不开少数民族，少数民族离不开汉族，各少数民族之间也相互离不开”的思想观念。要认清“藏独”“疆独”等各种分裂主义势力的险恶用心和反动本质，坚持原则、明辨是非，不信谣、不传谣，不受分裂分子挑拨煽动，不参与违法犯罪活动，与破坏民族团结的行为作坚决斗争。

(3)尊重和传承中华民族历史文化。

① 学会从历史文化中汲取滋养。

② 旗帜鲜明地反对历史、文化上的虚无主义。

(4)坚持立足中国又面向世界。

弘扬新时代的爱国主义，要求我们正确处理好立足中国与面向世界的辩证统一关系，既要尊重各国的历史特点、文化传统，尊重各国人民选择的发展道路，从不同文明中寻求智慧、汲取营养，增强中华文明生机活力，又要积极倡导求同存异、交流互鉴，促使不同国度、不同文明相互借鉴、共同进步，共同推动人类文明发展进步。

① 积极维护国家发展主体性。在参与经济全球化的过程中，一定要保持清醒的认识，既充分利用经济全球化所提供的机遇发展自己，又坚决维护国家的主权和尊严，按照本国国情坚持、发展自己的政治制度和民族文化。

② 自觉维护国家安全。确立总体国家安全观。必须坚持总体国家安全观，坚持国家利益至上，以人民安全为宗旨，以政治安全为根本，以经济安全为基础，以军事、文化、社会安全为保障，以促进国际安全为依托，走出一条中国特色国家安全道路。增强国防意识，履行维护国家安全的义务。大学生必须具有很强的国防观念和忧患意识，自觉接受国防和军事方面的教育训练，关心国防、了解国防、热爱国防、投身国防，积极履行国防义务。

③ 积极推动构建人类命运共同体。面向世界，推动构建人类命运共同体，要有更加宽广的世界胸怀和全球视野，为维护人类共同利益、推动人类文明发展进步提供中国智慧，始终做世界和平的建设者、全球发展的贡献者、国际秩序的维护者。

坚持爱国爱党爱社会主义相统一，积极维护祖国统一和民族团结，尊重和传承中华民族历史文化，坚持立足中国又面向世界，构成了新时代爱国者的基本要求，也是爱国主义的时代要求。实现中华民族伟大复兴的中国梦是新时代爱国主义的鲜明主题。

小试牛刀 7

25 新时代的爱国主义，既承接了历史上中华民族爱国主义的优良传统，又吸纳了鲜活的时代精神，内涵更加丰富。以下不属于新时代爱国者的基本要求的是（　　）。

A. 坚持爱国主义和社会主义相统一　　B. 维护国家安定和人民幸福

C. 尊重和传承中华民族历史文化　　D. 坚持立足民族又面向世界

【解】B。本题考查新时代爱国者的基本要求。坚持爱国爱党爱社会主义相统一，积极维护祖国统一和民族团结，尊重和传承中华民族历史文化，坚持立足中国又面向世界，构成了新时代爱国者的基本要求，也是爱国主义的时代要求。

26 资本没有国界，但商人有祖国。在经济全球化的条件下，国家仍然是民族存在的最高组织形式，是国际社会活动中的独立主体，爱国主义有着坚实的基础和丰富的意义。人有地域和信仰的不同，但报效祖国之心不应有差别。以下不符合做忠诚爱国者的选项有（　　）。

A. 始终做到爱国的深厚情感、感性认识和实际行动相一致

B. 维护和推进祖国统一

C. 促进民族团结

D. 增强国防安全意识

【解】A。本题考查如何做新时代忠诚的爱国者。A 选项感性认识应改为理性认识；其他选项都符合做新时代忠诚爱国者的要求。

27 爱国情感是爱国主义精神的落脚点和归宿。（　　）

A. 正确　　B. 错误

【解】B。本题考查如何做新时代忠诚的爱国者。爱国主义精神的落脚点和归宿是维护祖国统一和民族团结。

28 爱国主义仅仅代表了人们对自己祖国的深厚情感。（　　）

A. 正确　　B. 错误

【解】B。本题考查如何做新时代忠诚的爱国者。爱国主义是爱国的深厚情感、理性认识和实际行动的有机统一。

29 一个人尽己所能，为国家和人民作出了力所能及的贡献，就可以无愧于爱国者的称号。（　　）

A. 正确　　B. 错误

【解】A。本题考查如何做新时代忠诚的爱国者。论述正确。

30 脚踏实地，做忠诚的爱国者，应当成为每一个中华儿女的基本追求。（　　）

A. 正确　　B. 错误

【解】A。本题考查如何做新时代忠诚的爱国者。论述正确。

第三节　让改革创新成为青春远航的动力

小节 1　改革开放是当代中国的显著特征

要点 ▶ 为什么说改革开放是当代中国的显著特征

创新创造是中华民族最深沉的民族禀赋,改革创新是当代中国最突出、最鲜明的特点。

(1)以数千年大历史观之,变革和开放总体上是中国的常态。正是这种变革和开放精神,使中华文明成为人类历史上唯一一个绵延5000多年至今未曾中断的灿烂文明。**新时代,中华民族正在以改革开放的姿态继续走向未来。**

(2)**改革开放是当代中国最鲜明的特色。**改革开放是党在新的历史条件下领导人民进行的新的伟大革命,是决定当代中国命运的关键抉择。实践充分证明改革开放是当代中国发展进步的活力之源,它只有进行时,没有完成时。

(3)**创新是改革开放的生命。**改革开放创造的奇迹不是天上掉下来的,而是来自中国共产党和中国人民的理论创新、实践创新、制度创新、文化创新以及各方面的创新。

小试牛刀1

1 当代中国最突出、最鲜明的特点是(　　)。

A. 改革创新　　B. 爱国主义　　C. 坚持四项基本原则　　D. 和平发展

【解】A。本题考查为什么说改革开放是当代中国的显著特征。改革创新是当代中国最突出、最鲜明的特点。

小节2　改革创新是新时代的迫切要求

要点1 为什么说改革创新是新时代的迫切要求

创新决定未来,改革关乎国运,改革创新是新时代的迫切要求。坚持创新发展,是我们分析近代以来世界发展历程特别是总结我国改革开放成功实践得出的结论,是我们应对发展环境变化、增强发展动力、把握发展主动权,更好引领新常态的根本之策。

(1)**创新始终是推动人类社会发展的第一动力。**从某种意义上说,创新决定着世界政治经济对比的变化,也决定着各国各民族的前途命运。

(2)**创新能力是当今国际竞争新优势的集中体现。**今天,国际竞争的新优势越来越集中体现在创新能力上。当今世界,谁牵住了科技创新这个"牛鼻子",谁走好了科技创新这步先手棋,谁就能占领先机、赢得优势。"在激烈的国际竞争中,惟创新者进,惟创新者强,惟创新者胜"。

(3)**改革创新是我国赢得未来的必然要求。**抓创新就是抓发展,谋创新就是谋未来。在新一轮科技革命和产业变革中,我国能否在未来发展中后来居上、弯道超车,主要就看能否在创新驱动发展上迈出实实在在的步伐。

小试牛刀2

2 中华民族是富有创新精神的民族,勇于创新创造的民族禀赋成就了辉煌灿烂的中华文明。在当代中国,社会发展离不开改革创新,因为(　　)。

A. 创新始终是推动人类社会发展的第一动力

B. 创新能力是当今国际竞争新优势的集中体现

C. 改革创新是我国赢得未来的必然要求

D. 坚持改革创新是新时代的迫切要求

【解】ABCD。本题考查为什么说改革创新是新时代的迫切要求。四个选项都是社会发展离不开改革创新的原因。

要点2 如何让一切创新源泉充分涌流

(1)必须把创新作为引领发展的第一动力,把人才作为支撑发展的第一资源,把创新摆在国家发展全局的核心位置,把创新驱动发展战略作为国家重大战略,不断推进理论创新、制度创新、科技创新、文化创新等各方面创新,让创新贯穿党和国家一切工作,让创新在全社会蔚然成风。

(2)如果把科技创新比作我国发展的新引擎,那么改革就是点燃这个新引擎必不可少的点火器。实施创新驱动发展战略,最根本的是要增强自主创新能力,最紧迫的是要破除体制机制障碍,最大限度地解放和激发科技作为第一生产力所蕴含的巨大潜能,打通从科技强到产业强、经济强、国家强的通道,让改革释放创新活力,让一切创新源泉充分涌流。

小试牛刀3

3 近代以来,我国逐渐由领先变为落后,一个重要原因就是错失了多次科技和产业革命带来的巨大发展机遇,在世界工业革命大潮中被时代远远甩下。下列关于中国发展创新的说法错误的是(　　)。

A. 发展是第一要务,人才是第一资源,创新是第一动力

B. 科技创新是我国发展的新引擎,创新是点燃这个新引擎必不可少的点火器

C. 当今世界,谁牵住了科技创新这个“牛鼻子”,谁就能占领先机,赢得优势

D. 创新是世界政治经济格局和各国前途命运的首要决定因素

【解】B。本题考查如何让一切创新源泉充分涌流。ACD三个选项说法都正确;改革才是点燃这个新引擎必不可少的点火器,故B选项错误。

小节3　做改革创新的生力军

要点 如何做改革创新的生力军

把握时代脉搏,迎接时代挑战,增强创新创造的能力和本领,勇做改革创新的实践者,将弘扬改革创新精神贯穿于实践中、体现在行动上。

(1)要树立改革创新的自觉意识。

改革创新,首先要求人们自觉增强改革创新的责任感,树立敢于突破陈规、大胆探索未知、勇于创新创造的思想观念,在实践中有直面困难的勇气,有突破难关的精神,锐意进取,奋力前行。也就是说:第一,要增强改革创新的责任感;第二,要树立敢于突破陈规的意识;第三,要树立大胆探索未知领域的信心。

(2)要增强改革创新的能力本领。

① 要夯实创新基础。大学生作为改革创新的生力军,应从扎实系统的专业知识学习起步和入手,而不能好高骛远,空谈改革,坐论创新。

② 要培养创新思维。大学生在专业学习与社会实践中应自觉培养创新型思维,勤于思考,善于发现,勇于创新。

③ 要投身创新实践。大学生应当在全面深化改革的伟大实践中深深体悟改革创新精神,增强改革创新的意识,锤炼改革创新的意志,增强改革创新的能力本领,勇做改革创新的实践者和生力军。

图例笔记与思考讨论

小节 1 图例笔记

要点 1 ▶ 经济全球化背景下还需要爱国主义吗?

当今世界,各国的贸易往来更加频繁,文化交流不断加深,世界正在变成一个“地球村”。虽然经济全球化对爱国主义造成了较大冲击,但是爱国主义在今天仍然有其存在的理由。经济全球化是社会生产力发展的客观要求和科技进步的必然结果。在经济全球化背景下,各个国家之间的利益冲突和竞争强度没有减弱,一定程度上还强化了人们的爱国主义情感。经济全球化不等于政治全球化,更不意味着政治一体化,只要国家存在,爱国主义就有坚实的基础和丰富的意义。

要点 2 ▶ 拓展统筹好发展和安全两件大事

安全是发展的前提,发展是安全的保障。当前和今后一个时期是我国各类矛盾和风险易发期,各种可以预见和难以预见的风险因素明显增多。我们必须坚持统筹发展和安全,增强机遇意识和风险意识,树立底线思维,把困难估计得更充分一些,把风险思考得更深入一些,注重堵漏洞、强弱项、下好先手棋、打好主动仗,有效防范化解各类风险挑战,确保社会主义现代化事业顺利推进。

小节 2 思考讨论

1. 人无精神则不立,国无精神则不强。结合实际,谈谈为什么中国精神是兴国强国之魂。

【答】中华民族传承不倒之因:中华民族生生不息、薪火相传的一个很重要的原因就是拥有孕育于中华民族悠久辉煌历史文化之中的伟大中国精神。中国精神作为兴国强国之魂,是实现中华民族伟大复兴不可或缺的精神支撑和精神动力,是凝聚民族复兴的磅礴伟力。

(1)中国精神是凝聚中国力量的精神纽带。人民群众是历史发展和社会进步的主体力量。坚持和发展中国特色社会主义、实现中华民族的伟大复兴,最根本的力量在人民,最强大的力量在团结凝聚起来的人民。弘扬中国精神,对于维系中华民族的生存与发展、维护国家统一和民族团结发挥着重要的凝聚作用。

(2)中国精神是激发创新创造的精神动力。实现梦想、应对挑战、创造未来的动力,只能从发展中来、从改革中来、从创新中来。推进新时代的伟大事业,必须有创新创造、向上向前的强大精神奋发力,勇于变革、勇于创新,永不僵化、永不停滞,使全体人民始终保持昂扬向上的精神状态。

(3)中国精神是推进复兴伟业的精神支柱。实现中华民族伟大复兴的中国梦,需要我们正确认识当代世界和中国发展大势,正确认识中国特色和国际比较,增强民族自尊心和自信心,坚定不移走自己的路,使全体人民拥有坚如磐石的精神和信仰力量,坚定不移把中国特色社会主义事业不断推向前进。

2. 方志敏的《可爱的中国》一文,字字泣血,唤醒了中国亿万同胞的爱国之情,鼓舞了许许多多的优秀青年走上救国道路。结合自身实际,谈谈如何做新时代的忠诚爱国者。

【答】新时代,做忠诚的爱国者,就是要:

(1)坚持爱国爱党爱社会主义相统一。

只有坚持爱国和爱党、爱社会主义相统一，爱国主义才是鲜活的、真实的，这是当代中国爱国主义精神最重要的体现。

(2)积极维护祖国统一和民族团结。

祖国统一和民族团结是中华民族的根本利益所在，弘扬新时代爱国主义，要坚持以维护祖国统一和民族团结为着力点和落脚点。

① 维护和推进祖国统一。推进祖国统一，必须保持香港、澳门长期繁荣稳定。实现祖国完全统一，必须从中华民族整体利益的高度把握两岸关系大局：坚持一个中国原则，推进两岸交流合作，促进两岸同胞团结奋斗，反对“台独”分裂图谋。

② 促进民族团结。要深化对党的民族理论和民族政策的认识，认真学习国家关于民族事务的法律法规，深入了解中华民族“多元一体”的发展历史，坚定“汉族离不开少数民族，少数民族离不开汉族，各少数民族之间也相互离不开”的思想观念。要认清“藏独”“疆独”等各种分裂主义势力的险恶用心和反动本质，坚持原则、明辨是非，不信谣、不传谣，不受分裂分子挑拨煽动，不参与违法犯罪活动，与破坏民族团结的行为作坚决斗争。

(3)尊重和传承中华民族历史文化。

① 学会从历史文化中汲取滋养。

② 旗帜鲜明地反对历史、文化上的虚无主义。

(4)坚持立足中国又面向世界。

弘扬新时代的爱国主义，要求我们正确处理好立足中国与面向世界的辩证统一关系，既要尊重各国的历史特点、文化传统，尊重各国人民选择的发展道路，从不同文明中寻求智慧、汲取营养，增强中华文明生机活力，又要积极倡导求同存异、交流互鉴，促使不同国度、不同文明相互借鉴、共同进步，共同推动人类文明发展进步。

① 积极维护国家发展主体性。在参与经济全球化的过程中，一定要保持清醒的认识，既充分利用经济全球化所提供的机遇发展自己，又坚决维护国家的主权和尊严，按照本国国情坚持、发展自己的政治制度和民族文化。

② 自觉维护国家安全。确立总体国家安全观。必须坚持总体国家安全观，坚持国家利益至上，以人民安全为宗旨，以政治安全为根本，以经济安全为基础，以军事、文化、社会安全为保障，以促进国际安全为依托，走出一条中国特色国家安全道路。增强国防意识，履行维护国家安全的义务。大学生必须具有很强的国防观念和忧患意识，自觉接受国防和军事方面的教育训练，关心国防、了解国防、热爱国防、投身国防，积极履行国防义务。

③ 积极推动构建人类命运共同体。面向世界，推动构建人类命运共同体，要有更加宽广的世界胸怀和全球视野，为维护人类共同利益、推动人类文明发展进步提供中国智慧，始终做世界和平的建设者、全球发展的贡献者、国际秩序的维护者。

3. 2021 年 5 月 28 日，习近平在两院院士大会、中国科协第十次全国代表大会上指出，培养创新型人才是国家、民族长远发展的大计。当今世界的竞争说到底是人才竞争、教育竞争。结合自身实际，谈谈应如何走在改革创新的时代前列。

【答】把握时代脉搏，迎接时代挑战，增强创新创造的能力和本领，勇做改革创新的实践者，将弘扬改革创新精神贯穿于实践中、体现在行动上。

(1)要树立改革创新的自觉意识。

改革创新，首先要求人们自觉增强改革创新的责任感，树立敢于突破陈规、大胆探索未知、勇于创新创造的思想观念，在实践中有直面困难的勇气，有突破难关的精神，锐意进取，奋力前行。也就是说：第一，要增强改革创新的责任感；第二，要树立敢于突破陈规的意识；第三，要树立大胆探索未知领域的信心。

(2)要增强改革创新的能力本领。

① 要夯实创新基础。大学生作为改革创新的生力军，应从扎实系统的专业知识学习起步和入手，而不能好高骛远，空谈改革，坐论创新。

② 要培养创新思维。大学生在专业学习与社会实践中应自觉培养创新型思维，勤于思考，善于发现，勇于创新。

③ 要投身创新实践。大学生应当在全面深化改革的伟大实践中深深体悟改革创新精神，增强改革创新的意识，锤炼改革创新的意志，增强改革创新的能力本领，勇做改革创新的实践者和生力军。

第四章　明确价值要求 践行价值准则

知识框架

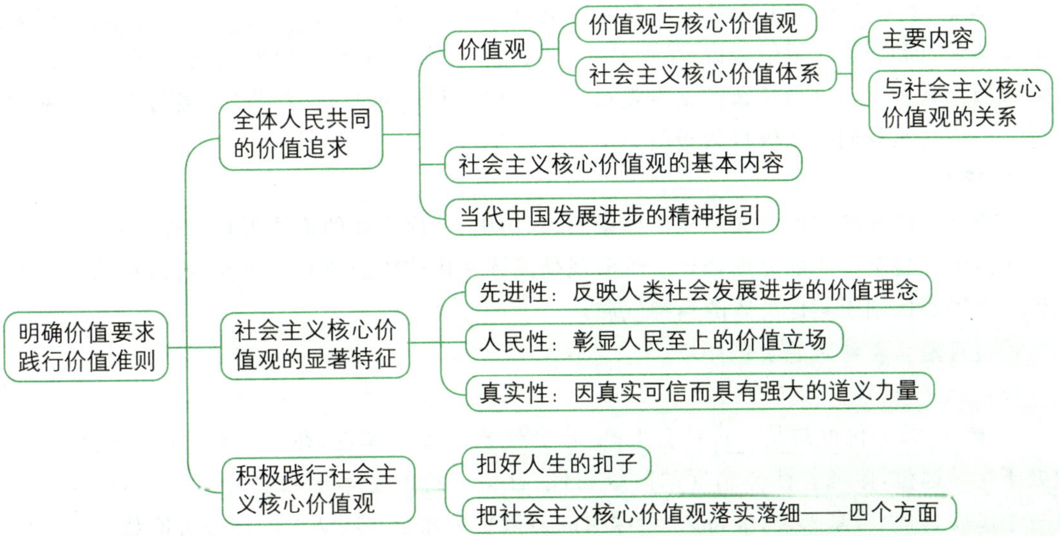

内容导学

本章共三节，主要阐述社会主义核心价值观，内容包括三个方面：一是全体人民共同的价值追求，主要阐述社会主义核心价值观的基本内容及践行社会主义核心价值观的重要性；二是社会主义核心价值观的显著特征；三是积极践行社会主义核心价值观。大家复习时，可以尝试去找到以下几个问题的答案，并着重把握。

(1)什么是核心价值观、社会主义核心价值观、社会主义核心价值体系？

(2)社会主义核心价值观的基本内涵？

(3)简述社会主义核心价值观和社会主义核心价值体系的关系。

(4)社会主义核心价值观的作用有哪些？

(5)社会主义核心价值观的显著特征是什么？

(6)如何践行社会主义核心价值观？

本章要把握的主要知识点有五个：社会主义核心价值观的基本内容；践行社会主义核心价

值观的重要性；社会主义核心价值观与社会主义核心价值体系的关系；社会主义核心价值观的显著特征；社会主义核心价值观与人生的价值准则(勤学、修德、明辨、笃实)。

第一节　全体人民共同的价值追求

小节1　价值观与社会主义核心价值观

要点1 ▶ 价值观与核心价值观

(1)价值

价值是指在实践基础上形成的主体和客体之间的意义关系，主要反映的是现实的人的需要与事物属性之间的关系。价值属于关系范畴，从认识论上来说，是指客体对主体的有用性，是表示客体的属性和功能与主体需要间的一种效用、效益或效应关系。

(2)价值观：

① 概念：价值观就是主体对客体有无价值、价值大小的立场和态度，是对价值及其相关内容的基本观点和表达。通俗地说，价值观是人们对事物的意义和价值的反映与判断，是人们关于应该做什么和不应该做什么的基本观点，是区分好与坏、对与错、善与恶、美与丑等现象的总观念。价值观是我们的终极行为指南。

② 特点：

价值观反映着特定的时代精神。抽象的、超历史、一成不变的价值观是不存在的。

价值观体现着鲜明的民族特色。价值观是民族文化传统的核心和灵魂，价值观的民族性体现着一个民族区别于其他民族的精神气质。

价值观蕴含着特定的阶级立场。

(3)核心价值观：

① 概念：核心价值观是一定社会形态、社会性质的集中体现，在一个社会的思想观念体系中处于主导地位，体现着社会制度的阶级属性、社会运行的基本原则和社会发展的基本方向。对一个民族、一个国家来说，最持久、最深层的力量是全社会共同认可的核心价值观。核心价值观，承载着一个民族、一个国家的精神追求，体现着一个社会评判是非曲直的价值标准。

② 被需要的原因：

伴随经济全球化的进程，包装在文化产品中的西方价值观在中国得到强势传播，造成中西方文化和价值观念的冲突和矛盾。改革开放以来，人们的价值观念开始从单一变成多元，并且产生了尖锐的价值观冲突和矛盾。当今中国，传统和现代、先进与落后、本土与外来相互交织，给人们的价值观念带来空前冲击。

如果一个民族、一个国家没有共同的核心价值观，莫衷一是，行无依归，那这个民族、这个国家就无法前进。我国是一个有着13亿多人口、56个民族的大国，确立反映全国各族人民共同认同的价值观“最大公约数”，使全体人民同心同德、团结奋进，关乎国家前途命运，关乎人民幸福安康。

小试牛刀1

1　人类社会发展的历史表明，对一个民族、一个国家来说，最持久、最深层的力量是全社会共

同认可的核心价值观。关于核心价值观，下列说法错误的是(　　)。

A. 承载着一个民族、一个国家的精神追求

B. 体现着一个社会评判是非曲直的价值标准

C. 是一定社会形态、社会性质的集中体现，在整个上层建筑中处于主导地位

D. 体现着社会制度、社会运行的基本原则和社会发展的基本方向

【解】C。本题考查核心价值观。核心价值观是一定社会形态、社会性质的集中体现，在一个社会的思想观念体系中处于主导地位，故 C 错误；其他选项描述都与教材相符。

要点 2 ▶ 社会主义核心价值观

(1)社会主义核心价值观是当代中国精神的集中体现，凝结着全体人民共同的价值追求，由党的十八大提出，在 2018 年 3 月的十三届人大一次会议被写入宪法。

(2)社会主义核心价值体系主要内容包括马克思主义指导思想(灵魂)、中国特色社会主义共同理想(主题)、以爱国主义为核心的民族精神和以改革创新为核心的时代精神(精髓)、社会主义荣辱观(基础)。

(3)社会主义核心价值观和社会主义核心价值体系的关系：

两者是紧密联系、互为依存、相辅相成的。社会主义核心价值观是社会主义核心价值体系的精神内核，它体现了社会主义核心价值体系的根本性质和基本特征，反映了社会主义核心价值体系的丰富内涵和实践要求，是社会主义核心价值体系的高度凝练和集中表达。同时，社会主义核心价值观与社会主义核心价值体系具有内在的一致性，都体现了社会主义意识形态的本质要求，体现了社会主义制度在思想和精神层面的质的规定性，是建设中国特色社会主义现代化强国、实现中华民族伟大复兴中国梦的价值引领。

小试牛刀 2

2 关于社会主义核心价值观，错误的是(　　)。

A. 当代中国精神的集中体现　　B. 凝结着全体人民共同的价值追求

C. 体现了社会主义意识形态的本质要求　　D. 整个上层建筑的核心

【解】D。本题考查社会主义核心价值观。马克思主义认为：政治思想、法律思想、哲学思想、文艺思想等意识形态诸种形式，通称为是思想上层建筑。在上层建筑中，政治处于主导地位，国家政权是上层建筑的核心。因此，D 错误。其他选项描述都与教材相符。

3 核心价值体系和核心价值观，是决定文化性质和方向的最深层次要素，是一个国家的重要稳定器。社会主义核心价值体系的主要内容不包括(　　)。

A. 马克思主义指导思想、社会主义价值观

B. 中国特色社会主义共同理想

C. 以爱国主义为核心的民族精神和以改革创新为核心的时代精神

D. 社会主义荣辱观

【解】A。本题考查社会主义核心价值体系。社会主义核心价值体系主要内容包括马克思主义指导思想(灵魂)、中国特色社会主义共同理想(主题)、以爱国主义为核心的民族精神和以改革创新为核心的时代精神(精髓)、社会主义荣辱观(基础)。

4 关于社会主义核心价值观的说法，正确的是(　　)。

A. 它是社会主义核心价值体系的精神内核

B. 它体现了社会主义核心价值体系的根本性质和基本特征

C. 它反映了社会主义核心价值体系的丰富内涵和实践要求

D. 它是社会主义核心价值体系的高度凝练和集中表达

【解】ABCD。本题考查社会主义核心价值观与社会主义核心价值体系的关系。社会主义核心价值观是社会主义核心价值体系的精神内核，它体现了社会主义核心价值体系的根本性质和基本特征，反映了社会主义核心价值体系的丰富内涵和实践要求，是社会主义核心价值体系的高度凝练和集中表达。

5 社会主义核心价值观是当代中国精神的集中体现，凝结着全体人民共同的人生追求。（　　）

A. 正确　　　　B. 错误

【解】B。本题考查社会主义核心价值观。人生追求应改为价值追求。

6 社会主义核心价值观是社会主义的精神内核，反映着社会主义的根本性质和根本特征。（　　）

A. 正确　　　　B. 错误

【解】B。本题考查社会主义核心价值观和社会主义核心价值体系的关系。社会主义核心价值观是社会主义核心价值体系的精神内核，它体现了社会主义核心价值体系的根本性质和基本特征。

7 社会主义核心价值观和社会主义核心价值体系具有内在的一致性，都体现了社会主义意识形态的根本目的。（　　）

A. 正确　　　　B. 错误

【解】B。本题考查社会主义核心价值观和社会主义核心价值体系的关系。根本目的应改为本质要求。

8 社会主义核心价值观，其实就是一种德，是一种可大可小的德，既是个人的德，也是国家和社会的德。（　　）

A. 正确　　　　B. 错误

【解】A。本题考查社会主义核心价值观。论述正确。

9 党的十八大提出，要倡导富强、民主、文明、和谐，倡导自由、平等、公正、法治，倡导爱国、敬业、诚信、友善，积极培育和践行社会主义核心价值观，这（　　）。

A. 与中国特色社会主义发展要求相契合

B. 与中华优秀传统文化相承接

C. 与人类文明优秀成果相承接

D. 是中国共产党凝聚全党全社会价值共识作出的重要论断

【解】ABCD。本题考查社会主义核心价值观。四个选项都正确。

小节2　社会主义核心价值观的基本内容

要点 ▶ 社会主义核心价值观的基本内容

（1）总论：

社会主义核心价值观的基本内容是富强、民主、文明、和谐，自由、平等、公正、法治，爱国、敬业、诚信、友善。社会主义核心价值观把涉及国家、社会、公民的价值要求融为一体，体现了社会

主义本质要求，继承了中华优秀传统文化，吸收了世界文明有益成果，体现了时代精神，是对我们要建设什么样的国家、建设什么样的社会、培育什么样的公民等重大问题的深刻解答。

(2)富强、民主、文明、和谐：

富强(人民富裕、国家强盛的统一，社会主义的价值追求)、民主(本质和核心是人民当家作主)、文明(社会进步的重要标志，社会主义现代化国家的重要特征)、和谐(中华文明的核心价值理念；人与人，人与社会、人与自然、人与内心、国与国的和谐)，**这一价值追求回答了我们要建设什么样的国家的重大问题**，揭示了当代中国在经济社会发展的价值目标，从国家层面标注了社会主义核心价值观的时代刻度。在社会主义核心价值观中居最高层次，对其他层面的价值具有统领和制约作用。

(3)自由、平等、公正、法治：

自由(社会活力之源，社会主义的价值理想；多数的、实质上的、真实的自由；有约束的自由)、平等(兼顾效率与公平；实现自由的根本前提，是形式平等与实质平等的统一)、公正(人类社会进步的标尺，社会主义制度的本质要求；兼顾结果公正)、法治(政治文明的重要成果，现代社会的主要特征)，**这一价值追求回答了我们要建设什么样的社会**，与实现国家治理体系和治理能力现代化的要求相契合，揭示了社会主义社会发展的价值取向。自由、平等、公正、法治，反映了人们对美好社会的期望和憧憬，是衡量现代社会是否充满活力又和谐有序的重要标志。

(4)爱国、敬业、诚信、友善：

爱国(最深沉、最持久的情感，最基本的价值准则和道德准则)、敬业(对待劳动生产和人类生存的一种根本的价值追求)、诚信(个人立身处世的基本价值准则，社会存续发展的重要价值基石)、友善(维系良好人际关系和社会关系的基本价值准则)。**这一价值追求回答了我们要培育什么样的公民的重大问题**，涵盖了社会公德、职业道德、家庭美德、个人品德等各个方面，是每一个公民都应当遵守的道德规范。

小试牛刀 3

10 社会主义核心价值观与社会主义核心价值体系具有内在的一致性，关于二者关系的说法不正确的是(　　)。

A. 都体现了社会主义意识形态的本质要求

B. 都体现了社会主义制度在思想和精神层面的质的规定性

C. 都把涉及国家、社会、公民的价值要求融为一体

D. 都是建设中国特色社会主义现代化强国、实现中华民族伟大复兴中国梦的价值引领

【解】C。本题考查社会主义核心价值观与社会主义核心价值体系的关系。C选项是社会主义核心价值观的作用，社会主义核心价值体系包含好几个方面，不是每个方面都能起到此作用，故C选项错误。其他选项描述都与教材相符。

11 富强、民主、文明、和谐，这一价值追求回答了我们(　　)。

A. 要建设什么样的国家的重大问题　　B. 要建设什么样的社会的重大问题

C. 要建设什么样的政府的重大问题　　D. 要培育什么样的公民的重大问题

【解】A。本题考查社会主义核心价值观的基本内容。富强、民主、文明、和谐，这一价值追求回答了我们要建设什么样的国家的重大问题。

12 自由、平等、公正、法治，这一价值追求回答了我们要建设什么样的社会的重大问题，反映

了人们对美好社会的期望和憧憬，是（　　）。

A. 衡量现代社会是否充满活力又和谐有序的重要标志

B. 判断社会性质的主要标准

C. 社会进步的根本内容

D. 衡量社会进步的根本尺度

【解】A。本题考查社会主义核心价值观的基本内容。自由、平等、公正、法治是衡量现代社会是否充满活力又和谐有序的重要标志，故A选项正确。其他三个选项都不对。

13 党的十八大报告提出了“富强、民主、文明、和谐，自由、平等、公正、法治，爱国、敬业、诚信、友善”的社会主义核心价值观。其中，富强、民主、文明、和谐是（　　）。

A. 国家层面的价值要求　　B. 社会层面的价值要求

C. 公民层面的价值要求　　D. 普世层面的价值要求

【解】A。本题考查社会主义核心价值观的基本内容。富强、民主、文明、和谐，这一价值追求回答了我们要建设什么样的国家的重大问题。

14 富强、民主、文明、和谐从社会层面标注了社会主义核心价值观的时代刻度。（　　）

A. 正确　　B. 错误

【解】B。本题考查社会主义核心价值观的基本内容。富强、民主、文明、和谐，这一价值追求从国家层面标注了社会主义核心价值观的时代刻度。

15 爱国、敬业、诚信、友善，这一价值追求回答了我们要培育什么样的公民的重大问题，是每一个公民都应当遵守的道德规范。爱国、敬业、诚信、友善，涵盖了（　　）。

A. 社会公德　　B. 职业道德　　C. 家庭美德　　D. 个人品德

【解】ABCD。本题考查社会主义核心价值观的基本内容与四大道德。社会公德：文明礼貌、助人为乐、爱护公物、保护环境、遵纪守法；职业道德：爱岗敬业、诚实守信、办事公道、热情服务、奉献社会；家庭美德：尊老爱幼、男女平等、夫妻和睦、勤俭持家、邻里互助；个人品德：爱国奉献、明礼守法、厚德仁爱、正直善良、勤劳勇敢等。通过对比可以发现，个人层面的价值追求多多少少都有四大道德的影子。

小节3　当代中国发展进步的精神指引

要点1 ▶ 为什么说社会主义核心价值观是当代中国发展进步的精神指引

培育和践行社会主义核心价值观，是有效整合我国社会意识、凝聚社会价值共识、解决和化解社会矛盾、聚合磅礴之力的重大举措，是保证我国经济社会沿着正确的方向发展、实现中华民族伟大复兴的价值支撑，意义重大而深远。

（1）**培育和践行社会主义核心价值观是坚持和发展中国特色社会主义的价值遵循。**社会主义核心价值观，集中体现了马克思主义所倡导的价值理念，是中国特色社会主义的根本价值导向。

（2）**培育和践行社会主义核心价值观是提高国家文化软实力的迫切要求。**当今世界，文化越来越成为综合国力竞争的重要因素，成为经济社会发展的重要支撑，文化软实力越来越成为争夺发展制高点、道义制高点的关键所在。培育和践行社会主义核心价值观，有利于增进国际社会对中国的理解，扩大中华文化影响力，展示社会主义中国的良好形象；有利于增强社会主义意识形态的竞争力，掌握话语权，赢得主动权，逐步打破西方的话语垄断、舆论垄断，维护国家文

化利益和意识形态安全，不断提高我们国家的文化软实力。

(3)**培育和践行社会主义核心价值观是增进社会团结和谐的最大公约数。**培育和践行社会主义核心价值观，有利于巩固全党全国各族人民团结奋斗的共同思想道德基础，能够在具体利益矛盾、各种思想差异之上最广泛地形成价值共识，有效引领整合纷繁复杂的社会思想意识，有效避免利益格局调整可能带来的思想对立和混乱，形成团结奋斗的强大精神力量。

小试牛刀 4

16 培育和践行社会主义核心价值观，是保证我国经济社会沿着正确的方向发展、实现中华民族伟大复兴的价值支撑，意义重大而深远。　(　　)

A. 正确　　B. 错误

【解】A。本题考查为什么说社会主义核心价值观是当代中国发展进步的精神指引。论述正确。

17 2018 年 3 月，十三届全国人大一次会议通过宪法修正案，把国家倡导社会主义核心价值观正式写入宪法，进一步凸显了社会主义核心价值观的重大意义。关于社会主义核心价值观，下列说法错误的是(　　)。

A. 它是坚持和发展中国特色社会主义的价值遵循

B. 它是发展社会主义政治文明的重要内容

C. 它是提高国家文化软实力的迫切要求

D. 它是增进社会团结和谐的最大公约数

【解】B。本题考查为什么说社会主义核心价值观是当代中国发展进步的精神指引。ACD 三个选项都正确；社会主义核心价值观是文化层面的，与政治文明无关，故 B 选项错误。

18 坚定的核心价值观自信，是中国特色社会主义道路自信、理论自信、制度自信和文化自信的价值内核。我们之所以有坚定的核心价值观自信，是因为社会主义核心价值观具有(　　)。

A. 丰厚的历史底蕴　　B. 坚实的现实基础

C. 强大的道义力量　　D. 深沉的普世价值

【解】ABC。本题考查为什么说社会主义核心价值观是当代中国发展进步的精神指引。ABC 三个选项都正确；普世价值是西方强调的，与社会主义核心价值观无关，故 D 选项错误。

要点 2　中国特色社会主义如何全面发展、全面进步

中国特色社会主义是全面发展、全面进步的社会主义。

(1)中国特色社会主义既需要不断完善经济、政治、文化、社会和生态文明等各方面的制度，也需要不断探索社会主义在精神和价值层面的本质规定性。

(2)中国特色社会主义既需要为人们描绘未来社会物质生活方面的目标，也需要为人们指出未来社会精神价值的归宿。

要点 3　文化之争的本质与核心

(1)**世界上各种文化之争，本质上是价值观念之争，也是人心之争、意识形态之争。**文化的力量，归根到底来自凝结其中的核心价值观的影响力和感召力。

(2)**文化软实力的竞争，本质上是不同文化所代表的核心价值观的竞争。**“核心价值观是文化软实力的灵魂、文化软实力建设的重点。这是决定文化性质和方向的最深层次要素”。

小试牛刀 5

19 文化软实力建设的重点是(　　)。

A. 教育文化　　B. 核心价值观　　C. 科技　　D. 思想道德

【解】B。本题考查文化之争的本质与核心。“核心价值观是文化软实力的灵魂、文化软实力建设的重点。这是决定文化性质和方向的最深层次要素。”

20 文化的力量,归根到底来自凝结其中的核心价值观的影响力和感召力;文化软实力的竞争,本质上是不同文化所代表的核心价值观的竞争。(　　)

A. 正确　　B. 错误

【解】A。本题考查文化之争的本质与核心。论述正确。

第二节　社会主义核心价值观的显著特征

小节 1　反映人类社会发展进步的价值理念

要点 1 ▶ 社会主义核心价值观的优势特性

社会主义核心价值观体现了社会主义意识形态的本质要求,体现了社会主义制度在精神层面的质的规定性,以其先进性、人民性站在人类道义制高点上,彰显独特而强大的价值观优势(道义力量)。

(1)先进性:社会主义核心价值观的先进性,体现在它是社会主义制度所坚持和追求的核心价值理念。作为人类社会最为先进社会制度的本质规定在价值层面的集中反映,社会主义核心价值观代表着当今时代人类社会的价值制高点。

(2)人民性:代表最广大人民的根本利益,反映最广大人民的价值诉求。

(3)真实性:真实可信,有实践证明,拒绝西方“普世价值”的虚伪性。

小试牛刀 1

21 作为人类社会最为先进社会制度的本质规定在价值层面的集中反映,社会主义核心价值观代表当今时代人类社会的价值制高点。(　　)

A. 正确　　B. 错误

【解】A。本题考查社会主义核心价值观的优势特性。论述正确。

要点 2 ▶ 社会主义核心价值观如何反应人类社会发展进步(先进性所在)

社会主义核心价值观具有超越以往一切社会核心价值观的先进性,它集中体现了社会主义的本质属性,扎根中华优秀传统文化土壤,吸收借鉴一切人类优秀文化的先进价值,是反映人类社会发展进步的价值理念。

(1)体现社会主义的本质属性。社会主义核心价值观的先进性,集中体现在它是社会主义所坚持和追求的价值理念。社会主义核心价值观遵循着人类历史发展的轨迹,它生成于中国特色社会主义建设实践,同当今中国最鲜明的时代主题相适应,是中国特色社会主义本质规定的价值表达。

(2)扎根中华优秀传统文化土壤。中华优秀传统文化是涵养社会主义核心价值观的重要源泉。深深地根植于中华优秀传统文化,是社会主义核心价值观历史底蕴的集中体现(历史底蕴)。社会主义核心价值观,是对中华优秀传统文化的继承和升华。

(3)吸收世界文明有益成果。社会主义核心价值观以海纳百川的气度广泛吸收借鉴了包括资本主义文明成果在内的人类一切文明成果,萃取精华、融会贯通,形成了具有世界视野、中国气派的价值观,代表了人类社会前进的方向和价值理念。

小试牛刀 2

22 社会主义核心价值观的先进性体现在(　　)。

A. 它是社会主义制度所坚持和追求的核心价值理念

B. 它代表的是最广大人民的根本利益,反映的是最广大人民的价值诉求

C. 它是真切、具体、广泛的现实

D. 它深深地根植于中华优秀传统文化

【解】AD。本题考查社会主义核心价值观的先进性所在。社会主义核心价值观具有超越以往一切社会核心价值观的先进性,它集中体现社会主义的本质属性,扎根中华优秀传统文化土壤,吸收借鉴一切人类优秀文化的先进价值,是反映人类社会发展进步的价值理念。

小节 2　彰显人民至上的价值立场

要点 ▶ 社会主义核心价值观如何彰显人民至上的价值立场(人民性所在)

社会主义核心价值观的人民性体现在它所代表的最广大人民的根本利益,反映的最广大人民的价值诉求,引导着最广大人民为实现美好社会理想而奋斗。

(1)尊重人民群众历史主体地位。人民是我们党执政的最深厚基础和最大底气。人民性是社会主义核心价值观的根本特性,人民立场是社会主义核心价值观的根本立场。

(2)体现以人民为中心的价值导向。中国共产党践行全心全意为人民服务的根本宗旨,坚持人民当家作主,坚持以人民为中心的发展思想,并且体现在经济社会发展的各个环节。2020年中国抗击新冠肺炎疫情斗争中,人民至上、生命至上成为最醒目的价值导向,深刻彰显了我国社会主义核心价值观的人民性。

小试牛刀 3

23 人民当家作主的社会主义制度,为社会主义核心价值观的真正实现奠定了根本的制度前提和制度保障,使得自由、民主、公正等价值观"不是装饰品,不是用来做摆设的,而是用来解决人民要解决的问题的"。这体现的是社会主义核心价值观具有的(　　)。

A. 先进性　　B. 人民性　　C. 普适性　　D. 真实性

【解】B。本题考查社会主义核心价值观的人民性所在。为人民解决问题体现的自然是人民性。

24 社会主义核心价值观的根本特性是(　　)。

A. 先进性　　B. 人民性　　C. 普适性　　D. 真实性

【解】B。本题考查社会主义核心价值观的人民性所在。人民性是社会主义核心价值观的根本特性。

小节 3　因真实可信而具有强大的道义力量

要点 1 ▶ 社会主义核心价值观真实可信的原因(真实性所在)

社会主义核心价值观是真实可信的，原因如下：中国的民主制度不是装饰品，不是用来做摆设的，而是用来解决人民要解决的问题的。当今时代的中华民族所进行的人类历史上最为宏伟而独特的中国特色社会主义建设实践是社会主义核心价值观的现实基础(实践依据)，也以无可辩驳的事实生动展示着社会主义核心价值观的生机活力。中国特色社会主义的成功也验证了社会主义核心价值观的正确性、可行性，使得社会主义核心价值观可以而且能够成为真切、具体、广泛的现实。

小试牛刀 4

25 真理的力量加上道义的力量，才能行之久远。社会主义核心价值观居于人类社会的价值制高点，具有强大的道义力量。因为社会主义核心价值观具有(　　)。

A. 先进性　　B. 人民性　　C. 普适性　　D. 真实性

【解】D。本题考查社会主义核心价值观的真实性所在。真实性是社会主义核心价值观的道义力量之源。

要点 2 ▶ 西方“普世价值”的实质

(1)“普世价值”在理论上具有虚伪性。西方所说的“普世价值”是资产阶级的价值观，不是他们所说的普世的不变的价值观，而是为资产阶级利益服务的。事实上，没有放之四海而皆准的价值观。

(2)“普世价值”在实践上具有虚伪性。西方所说的“普世价值”并不“普世”，无论是在西方资本主义国家内部还是外部，都未能真正普世。内部有种族歧视、劳资对立、金钱政治、贫富分化、社会分裂、人权无保障等问题；外部有打着“普世价值”的幌子，收割其他国家、推行和平演变、引起他国战火等行为，如东欧剧变、苏联解体，“颜色革命”“阿拉伯之春”等无一不是美西方插手造成的。

整节要点总结 ▶ 社会主义核心价值观的显著特征

(1)反映人类社会发展进步的价值理念(先进性)：

① 体现社会主义的本质属性。

② 扎根中华优秀传统文化土壤(历史底蕴)。

③ 吸纳世界文明有益成果。

(2)彰显人民至上的价值理念(人民性)：

① 尊重人民群众历史主体地位。

② 体现以人民为中心的价值导向。

(3)因真实可信而具有强大的道义力量(真实性)：

① 经过中国特色社会主义建设检验(现实基础)，真实可信。

② 拒绝“普世价值”的虚伪性，在理论和实践上都是真实的。

第三节 积极践行社会主义核心价值观

小节 1 扣好人生的扣子

要点 ▶ 在践行社会主义核心价值观上，如何扣好人生的扣子

在全社会培育和弘扬社会主义核心价值观，需要我们始终走在时代前列，成为社会主义核心价值观的坚定信仰者、积极传播者、模范践行者。

(1)人生的扣子从一开始就要扣好。青年的价值取向决定了未来整个社会的价值取向，而青年又处在价值观形成和确立的时期，抓好这一时期的价值观养成十分重要。

(2)大学生成长成才和全面发展，离不开正确价值观的引领。

(3)核心价值观的养成绝非一日之功，贵在持久地自觉奉行。

小节 2 把社会主义核心价值观落细落小落实

要点 ▶ 如何把社会主义核心价值观落细落小落实

"一种价值观要真正发挥作用，必须融入社会生活，让人们在实践中感知它、领悟它。"这就要求在培育和弘扬社会主义核心价值观的过程中，下好落细、落小、落实的功夫。对于大学生而言，就是要切实做到勤学、修德、明辨、笃实，使社会主义核心价值观成为一言一行的基本遵循。另外，还需做到习主席的四点期望：爱国、励志、求真、力行。其中爱国是一个人的立德之源、立功之本。

(1)**勤学(以增智)。下得苦功夫，求得真学问。知识是树立社会主义核心价值观的重要基础。**把学习作为一种精神追求、一种生活方式，既读有字之书，也读无字之书，砥砺道德品质，掌握真才实学，练就过硬本领。要努力掌握马克思主义理论，形成正确的世界观和科学的方法论，深化对社会主义核心价值观的认知认同。

(2)**修德(以立身)。加强道德修养，注重道德实践。**核心价值观，其实就是一种德，既是个人的德，也是一种大德(国家的德、社会的德)。国无德不兴，人无德不立。一个人只有明大德、守公德、严私德，其才方能用得其所。

(3)**明辨(以正心)。善于明辨是非，善于决断选择。**大学生一定要正视价值观选择和道德责任感，旗帜鲜明地弘扬真善美、贬斥假恶丑，树立正确导向，澄清模糊认识，匡正失范行为，形成激浊扬清、抑恶扬善的思想道德舆论，自觉做良好道德风尚的建设者、社会文明进步的推动者。

(4)**笃实(以为功)。扎扎实实做事，踏踏实实做人。**于实处用力，从知行合一上下功夫，核心价值观才能内化为人们的精神追求，外化为人们的自觉行动。

小试牛刀 1

26 在培育和弘扬的过程中，要将社会主义核心价值观转化为人生的价值标尺，要切实做到勤学、修德、明辨、笃实，使社会主义核心价值观成为一言一行的基本遵循。 ( )

A. 正确　　B. 错误

【解】B。本题考查如何把社会主义核心价值观落实落细。价值标尺应改为价值取向。人生的价值标尺第一章有论述。

27 “一种价值观要真正发挥作用，必须融入社会生活，让人们在实践中感知它、领悟它”。这就要求在培育和弘扬社会主义核心价值观的过程中，下好落细、落小、落实的功夫，使社会主义核心价值观成为一言一行的基本遵循。对于大学生而言，就是要切实做到(　　)。

A. 勤学　B. 修德　C. 明辨　D. 笃实

【解】ABCD。本题考查如何把社会主义核心价值观落实落细。四个选项都正确。

28 2018 年 5 月 2 日，习近平在北京大学师生座谈会上的讲话中指出：“青年是国家的希望、民族的未来。我衷心希望每一个青年都成为社会主义建设者和接班人，不辱时代使命，不负人民期望。”广大青年要成为社会主义建设者和接班人，必须做到(　　)。

A. 爱国　B. 励志　C. 求真　D. 力行

【解】ABCD。本题考查如何把社会主义核心价值观落实落细。四个选项都正确。

29 2018 年 5 月 2 日，习近平在北京大学师生座谈会上的讲话中指出：“青年是国家的希望、民族的未来。我衷心希望每一个青年都成为社会主义建设者和接班人，不辱时代使命，不负人民期望。”习近平给广大青年提出四点希望。其中，作为一个人立德之源、立功之本的是(　　)。

A. 爱国　B. 励志　C. 求真　D. 力行

【解】A。本题考查如何把社会主义核心价值观落实落细。爱国是一个人的立德之源、立功之本。

图例笔记与思考讨论

小节 1　图例笔记

要点 1 ▶ 协商民主

有事好商量，众人的事情由众人商量，是人民民主的真谛。协商民主是实现党的领导的重要方式，是我国社会主义民主政治的特有形式和独特优势。

要点 2 ▶ “十四五”时期经济社会发展主要目标

“十四五”时期经济社会发展主要目标：经济发展取得新成效，改革开放迈出新步伐，社会文明程度得到新提高，生态文明建设实现新进步，民生福祉达到新水平，国家治理效能得到新提升。

其中，社会文明程度得到新提高是指：社会主义核心价值观深入人心，人民思想道德素质、科学文化素质和身心健康素质明显提高，公共文化服务体系和文化产业体系更加健全，人民精神文化生活日益丰富，中华文化影响力进一步提升，中华民族凝聚力进一步增强。

要点 3 ▶ 为什么只有在社会主义社会，人民才有可能真正实现平等？

存在剥削制度与剥削阶级的社会中，平等不可能真正实现。资本主义私有制是社会分配不公的制度根源，必然导致社会贫富分化和阶级对立。只有在社会主义社会中，生产资料公有制代替私有制，剥削不复存在，人民才有真正实现平等的可能。

要点 4 ▶ 民法典

2020 年 5 月 28 日下午，十三届全国人大三次会议表决通过《中华人民共和国民法典》。民法典在中国特色社会主义法律体系中具有重要地位，是一部固根本、稳预期、利长远的基础性法律，对推进全面依法治国、加快建设社会主义法治国家，对发展社会主义市场经济、巩固社会主义基本经济制度，对坚持以人民为中心的发展思想、依法维护人民权益、推动我国人权事业发展，对推进国家治理体系和治理能力现代化，都具有重大意义。

要点 5 ▶ 全人类共同价值与所谓"普世价值"存在根本不同

反对西方所谓的"普世价值"并不是说人类社会不存在共同价值。2021 年 7 月 1 日，习近平强调："中国共产党将继续同一切爱好和平的国家和人民一道，弘扬和平、发展、公平、正义、民主、自由的全人类共同价值，坚持合作、不搞对抗，坚持开放、不搞封闭，坚持互利共赢、不搞零和博弈，反对霸权主义和强权政治，推动历史车轮向着光明的目标前进！"人类生活在同一个地球村里，越来越成为你中有我、我中有你的命运共同体，客观存在共同利益，必然要求共同价值。我们所主张的共同价值，是要倡导求同存异、和而不同，充分尊重文明的多样性，尊重各国自主选择社会制度和发展道路的权利。这与唯我独尊、强施于人、旨在推行资本主义政治理念和制度模式的所谓"普世价值"根本不同。

小节 2　思考讨论

1. 习近平指出："核心价值观是一个民族赖以维系的精神纽带，是一个国家共同的思想道德基础。如果没有共同的核心价值观，一个民族，一个国家就会魂无定所、行无依归。"你是如何理解核心价值观的？

【答】核心价值观是一定社会形态、社会性质的集中体现，在一个社会的思想观念体系中处于主导地位，体现着社会制度的阶级属性、社会运行的基本原则和社会发展的基本方向。对一个民族、一个国家来说，最持久、最深层的力量是全社会共同认可的核心价值观。核心价值观，承载着一个民族、一个国家的精神追求，体现着一个社会评判是非曲直的价值标准。

核心价值观，其实就是一种德，既是个人的德，也是一种大德，就是国家的德、社会的德。它不仅作用于经济社会生活的各个方面，而且对每个社会成员有着深刻的影响。任何一个社会都存在多种多样的价值观念和价值取向，要把全社会的意志和力量凝聚起来，必须有一套与经济基础和政治制度相适应并能形成广泛社会共识的核心价值观，否则，这个民族就没有赖以维系的精神纽带，一个国家就没有共同的思想道德基础。如果一个民族、一个国家没有共同的核心价值观，莫衷一是，行无依归，那这个民族、这个国家就无法前进。

历史和现实都表明，核心价值观是一个国家的重要稳定器，能否构建具有强大感召力的核心价值观，关系社会和谐稳定，关系国家长治久安。世界上各种文化之争，本质上是价值观念之争，也是人心之争、意识形态之争。

2. 习近平指出："我们生而为中国人，最根本的是我们有中国人的独特精神世界，有百姓日用而不觉的价值观。"你是如何理解这句话的？

【答】中华文明绵延数千年，有其独特的价值体系。中华优秀传统文化已经成为中华民族的基因，植根在中国人内心，潜移默化影响着中国人的思想方式和行为方式。因此，我们生而为中国人，最根本的东西，就是我们中国人独特的精神世界、日用而不觉的价值观。

今天，我们提倡和弘扬社会主义核心价值观，必须从中华优秀传统文化中汲取丰富营养，否则就不会有生命力和影响力。比如，中华文化强调“民惟邦本”“天人合一”“和而不同”，强调“天行健，君子以自强不息”“大道之行也，天下为公”；强调“天下兴亡，匹夫有责”，主张以德治国、以文化人；强调“君子喻于义”“君子坦荡荡”“君子义以为质”；强调“言必信，行必果”“人而无信，不知其可也”；强调“德不孤，必有邻”“仁者爱人”“与人为善”“己所不欲，勿施于人”“出入相友，守望相助”“老吾老以及人之老，幼吾幼以及人之幼”“扶贫济困”“不患寡而患不均”等。像这样的思想和理念，不论过去还是现在，都有其鲜明的民族特色，都有其永不褪色的时代价值。这些思想和理念，既随着时间推移和时代变迁而不断与时俱进，又有其自身的连续性和稳定性。我们提倡的社会主义核心价值观，就充分体现了对中华优秀传统文化的传承和升华。

3. 青年是引风气之先的社会力量。青年的价值取向，决定着未来整个社会的价值取向。作为当代大学生，应如何培育和践行社会主义核心价值观？

【答】在全社会培育和践行社会主义核心价值观，需要我们始终走在时代前列，成为社会主义核心价值观的坚定信仰者、积极传播者、模范践行者。

（1）践行和培育社会主义核心价值观，首先要扣好人生的扣子。

① 人生的扣子从一开始就要扣好。青年的价值取向决定了未来整个社会的价值取向，而青年又处在价值观形成和确立的时期，抓好这一时期的价值观养成十分重要。

② 大学生成长成才和全面发展，离不开正确价值观的引领。

③ 核心价值观的养成绝非一日之功，贵在持久地自觉奉行。大学生要坚持由易到难、由近及远，从现在做起，从自己做起，努力把核心价值观的要求变成日常的行为准则，形成自觉奉行的信念理念，并身体力行大力将其推广到全社会去，为实现国家富强、民族振兴、人民幸福的中国梦凝聚强大的青春能量。

（2）培育和践行社会主义核心价值观，其次要把社会主义核心价值观落实落细。“一种价值观要真正发挥作用，必须融入社会生活，让人们在实践中感知它、领悟它”。这就要求在培育和践行的过程中，下好落细、落小、落实的功夫。对于大学生而言，就是要切实做到勤学、修德、明辨、笃实，使社会主义核心价值观成为一言一行的基本遵循。

①勤学(以增智)。下得苦功夫，求得真学问。知识是树立社会主义核心价值观的重要基础。把学习作为一种精神追求、一种生活方式，既读有字之书，也读无字之书，砥砺道德品质，掌握真才实学，练就过硬本领。要努力掌握马克思主义理论，形成正确的世界观和科学的方法论，深化对社会主义核心价值观的认知认同。

② 修德(以立身)。加强道德修养，注重道德实践。核心价值观，其实就是一种德，既是个人的德，也是一种大德(国家的德、社会的德)。国无德不兴，人无德不立。一个人只有明大德、守公德、严私德，其才方能用得其所。

③ 明辨(以正心)。善于明辨是非，善于决断选择。大学生一定要正视价值观选择和道德责任感，旗帜鲜明地弘扬真善美、贬斥假恶丑，树立正确导向，澄清模糊认识，匡正失范行为，形成激浊扬清、抑恶扬善的思想道德舆论，自觉做良好道德风尚的建设者、社会文明进步的推动者。

④ 笃实(以为功)。扎扎实实做事，踏踏实实做人。于实处用力，从知行合一上下功夫，核心价值观才能内化为人们的精神追求，外化为人们的自觉行动。

第五章　遵守道德规范　锤炼道德品格

知识框架

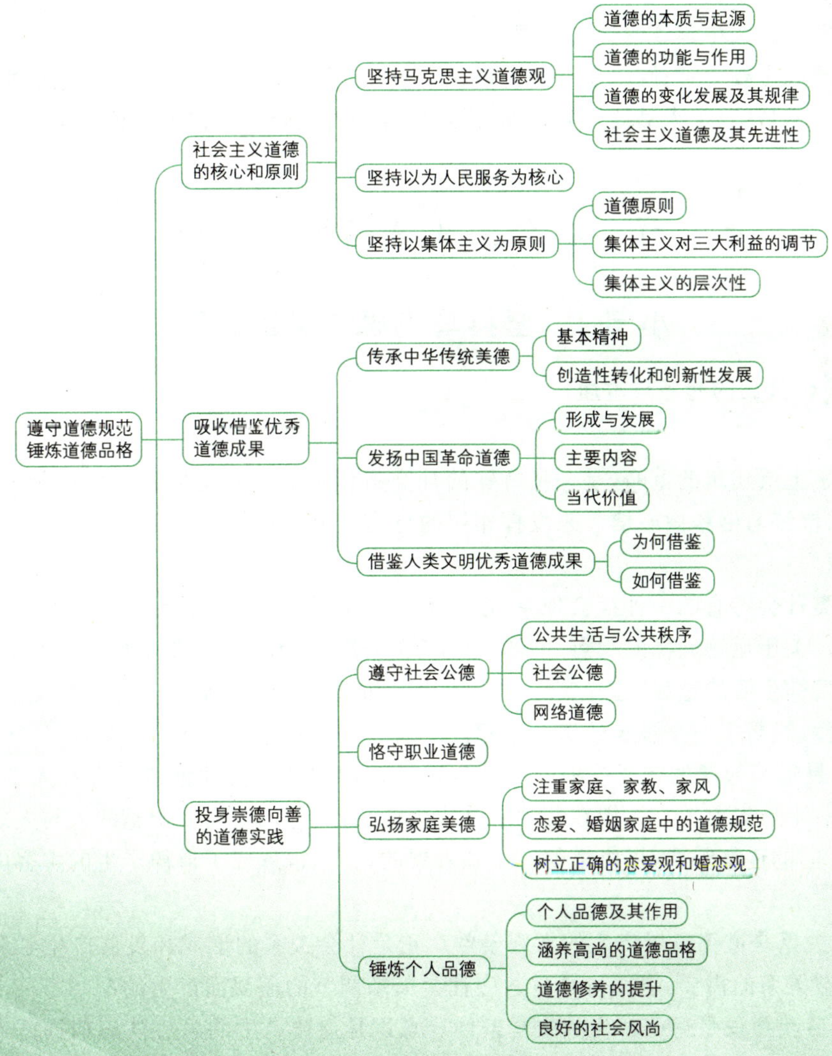

内容导学

本章是本课程道德部分的内容，是本课程的重点章，共三节，主要阐述道德观与道德建设，内容包括三个方面：一是社会主义道德的核心与原则；二是吸收借鉴优秀道德成果；三是投身崇德向善的道德实践。大家复习时，可以尝试去找到以下几个问题的答案，并着重把握。

(1)道德的起源、定义及其本质与功能、作用。

(2)道德变化、发展的规律及进步表现。

(3)社会主义道德的核心和原则。

(4)中华传统美德的基本精神及转化发展。

(5)中国革命道德的形成发展、内容及当代价值。

(6)如何对待人类文明优秀道德成果？

(7)做有社会公德、家庭美德和个人品德的人。

(8)大学生如何形成高尚道德品格？

本章要把握的主要知识点有十一个：道德的本质、功能与作用；怎样理解社会主义道德的核心(为人民服务)和原则(集体主义)；中华传统美德的主要内容及其当代价值；中国革命道德的主要内容及发扬光大中国革命道德的意义；社会公共生活的特征及维护公共秩序的重要性；社会公德的内涵和主要内容；网络生活中的道德要求；恋爱中的道德规范；注重家庭、家教、家风与家庭美德的基本规范；个人品德及其作用；道德修养的方法与自觉向道德模范学习。

第一节　社会主义道德的核心和原则

小节 1　坚持马克思主义道德观

要点 1 ▶ 道德的起源与本质

(1)道德

道德属于上层建筑的范畴，是一种特殊的社会意识形态。它是以善恶为评价方式，主要依靠社会舆论、传统习俗和内心信念来发挥作用的行为规范的总和。

(2)起源

作为人类社会特有的一种社会现象，道德不是从来就有的，而是人类社会发展到一定阶段的必然产物。关于道德起源的观点/问题，必须从“物质生活的生产方式制约着整个社会生活、政治生活和精神生活的过程”这一实际出发来认识和把握。道德作为一种社会现象，其产生有多方面的条件，经历了一个漫长的历史过程。

① 劳动是道德起源的首要前提。劳动创造了道德主体。劳动创造了人和人类社会，是道德起源的第一个历史前提。人们在劳动中结成生产关系，并产生需要调整的人与人之间的利益关系，创造人们的道德需要，提供道德产生和发展的动力，也形成了道德产生的主客体统一的重要条件。

② 社会关系是道德赖以产生的客观条件。正是社会关系的形成和发展产生了调节各种关系特别是利益关系的需要，道德恰恰是适应社会关系调节的需要而产生的。

③ 人的自我意识是道德产生的主观条件。意识是道德产生的思想认识前提。当人们意识

到自己作为社会成员与动物的根本区别，意识到自己与他人或集体的不同利益关系，以及产生了调解利益矛盾的迫切要求时，道德才得以产生。

(3)本质：知行合一。

马克思主义在人类思想史上第一次科学而全面地论述了道德的起源问题，强调道德属于上层建筑的范畴，是一种特殊的社会意识形态，为正确认识和理解道德的本质奠定了基础。

① 道德是反映社会经济关系的特殊意识形态。道德的产生、发展和变化，归根结底根源于社会经济关系。其一，道德的性质和基本原则、规范反映了与之相应的社会经济关系的性质和内容。有什么样的社会经济关系，相应地就有什么样的道德。其二，道德随着社会经济关系的变化而变化。在人类道德史上，一切道德上的兴衰起伏、进退消长，从根本上说是源于社会经济关系的变革。其三，道德作为一种社会意识，在阶级社会里总是反映着一定阶级的利益，因而不可避免地具有阶级性；同时，不同阶级之间的道德或多或少有一些共同之处，反映着道德的普遍性。其四，作为社会意识的道德一经产生，便有相对独立性。这种相对独立性既表现为道德的历史继承性，也表现为道德对社会发展具有能动的反作用。

② 道德是社会利益关系的特殊调节方式。道德是一种调整人与人、人与社会、人与自然以及人与自身之间关系的特殊的行为规范。这种行为是一种非强制性(非制度化的、柔性的)规范，是处于同一社会或同一生活环境中的人们在长期的共同生活过程中逐渐积累形成的要求、秩序和理想，它通过社会的道德风尚和个人的道德风范来调节利益关系。

③ 道德是一种实践精神。作为实践精神，道德是一种旨在通过把握世界的善恶现象而规范人们的行为并通过人们的实践活动体现出来的社会意识。具体来说，道德是一种以指导人的行为为目的、以形成人的正确行为方式为内容的精神，在本质上是知行合一的。

小试牛刀1

1 作为人类社会特有的一种社会现象，道德不是从来就有的，而是人类社会发展到一定阶段的必然产物。下列不属于马克思主义道德观的是(　　)。

A. 劳动是道德起源的首要前提

B. 社会关系是道德赖以产生的客观条件

C. 人的自我意识是道德产生的主观条件

D. 先天存在的良心、理念或精神是道德赖以产生的重要条件

【解】D。本题考查道德的起源与本质。ABC 三个选项都是马克思主义道德观；D 选项不是，因为先天存在的良心、理念或精神这一说法不符合马克思主义唯物论。

2 道德是反映社会经济关系的特殊意识形态。道德的产生、发展和变化，归根结底根源于社会经济关系。以下选项内容错误的是(　　)。

A. 道德的性质和基本原则、规范反映了与之相应的社会经济关系的性质和内容

B. 道德随着社会经济关系的变化而变化

C. 在阶级社会里道德具有阶级性，不同阶级之间的道德毫无共同之处

D. 道德一经产生便有相对独立性

【解】C。本题考查道德的起源与本质。ABD 三个选项都是道德反映社会经济关系的表现；C 选项错误，因为不同阶级之间的道德也会有相同之处，比如都劝恶从善。

3 道德是社会关系的产物。 (　　)

A. 正确　　　　　　　　　　　　　　　　B. 错误

【解】A。本题考查道德的起源与本质。论述正确。

4 人类社会生活的各个时期、各个领域都存在着道德。（　　）

A. 正确　　　　　　　　　　　　　　　　B. 错误

【解】A。本题考查道德的起源与本质,论述正确。人类生活的各个时期、各个领域,都存在着人与人之间、个人与社会之间的关系,都需要道德来调节。从时间上看,道德存在于人类社会发展的各个历史阶段,它随着社会经济关系的变化而不断变化,并与人类社会共始终;从空间上看,道德涉及社会生活的政治、经济、军事、法律、艺术等一切领域,即人们的物质生活或精神生活的方方面面;从社会群体上看,任何社会成员都是道德的主体和道德评价的客体,凡是有人群的地方就有道德的存在。

5 道德产生所需要的主客观条件统一于人类自我意识。（　　）

A. 正确　　　　　　　　　　　　　　　　B. 错误

【解】B。本题考查道德的起源与本质。人类自我意识是道德产生所需要的主观条件,社会关系是道德赖以产生的客观条件,实质上道德产生所需要的主客观条件统一于劳动,因为劳动创造了人和人类社会。

6 道德对社会经济关系的反应不是消极被动的,而是以能动的方式来把握世界,引导和规范人类的社会实践活动。（　　）

A. 正确　　　　　　　　　　　　　　　　B. 错误

【解】A。本题考查道德的起源与本质。道德具有相对独立性,可以能动地引导和规范人类的社会实践活动。

7 道德是一种调整人与人、人与社会、人与自然以及人与自身之间关系的特殊的行为规范。这种行为规范与法律规范、政治规范的不同之处在于,它（　　）。

A. 用善恶标准去评价

B. 依靠社会舆论、传统习俗、内心信念来维持

C. 是一种制度化的、柔性的规范

D. 通过社会的道德风尚和个人的道德风范来调节利益关系

【解】ABD。本题考查道德的起源与本质。ABD 都是道德规范区别于法律规范、政治规范的特点;道德规范不是制度性的规范,故 C 选项错误。

要点 2 ▶ 道德的功能与作用

（1）**功能:**

① **概念:**道德的功能,一般是指道德作为社会意识的特殊形式对于社会发展所具有的功效与能力。

② **特点:**道德的功能是多元的,同时也是多层次的。

③ **功能系统:**在道德的功能系统中,**最基本的功能是认识功能、规范功能和调节功能**,此外还有导向功能、激励功能等。

④ 道德的**认识功能**是指道德反映社会关系特别是反映社会经济关系的功效与能力。道德往往运用善恶、荣辱、义务、良心等范畴（借助形式）,反映人类的道德实践活动和道德关系（认识对象）,从中揭示社会道德发展的趋势,为人们的行为选择提供指南（认识目标）。

⑤ 道德的规范功能是指在正确善恶观的指引下，道德规范社会成员在社会公共领域、职业领域、家庭领域的行为，并规范个人品德的养成，引导并促使人们崇德向善。

⑥ 道德的调节功能是指道德通过评价等方式，指导和纠正人们的行为和实践活动，协调社会关系和人际关系的功效与能力。道德的调节功能主要是不断调节社会整体和个人的关系，调节个人与个人的关系，使个人、社会与他人的关系逐步完善和谐。道德评价是道德调节的主要形式，社会舆论、传统习俗和人们的内心信念是道德调节所赖以发挥作用的力量。这是道德最突出也是最主要的社会功能。

(2)作用：

① 概念：道德的作用是指道德的认识、规范、调节、激励、导向、教育等功能的发挥和实现所产生的社会影响及实际效果。

② 主要表现：第一，道德为经济基础的形成、巩固和发展服务(通过调节人际关系)，是一种重要的精神力量；第二，道德对其他社会意识形态的存在有着重大的影响(法律、艺术等)；第三，道德通过调整人们之间的关系维护社会秩序和稳定；第四，道德是提高人的精神境界、促进人的自我完善、推动人的全面发展的内在动力；第五，在阶级社会中，道德是调节阶级矛盾和对立阶级之间开展阶级斗争的重要工具。

③ 作用的性质：道德发挥作用的性质与社会发展的不同历史阶段相联系，由道德所反映的经济基础、代表的阶级利益所决定。只有反映先进生产力发展要求和进步阶级利益的道德，才会对社会的发展和人的素质的提高产生积极的推动作用，否则，就不利于甚至阻碍社会的发展和人的素质的提高。

④ 对作用的看法：

在道德的作用问题上，要反对两种极端的看法，即“道德万能论”和“道德无用论”。

“道德万能论”片面夸大道德的作用，认为道德决定一切、高于一切、支配一切，只要道德水平高，一切社会问题都可以迎刃而解。这种观点的根本错误在于，颠倒了社会存在和社会意识、经济基础同上层建筑之间的决定与被决定的关系，否定了物质资料的生产方式在社会发展中的决定作用。

“道德无用论”否认道德的作用，或者通过强调非道德因素的作用来否定道德的积极作用，或者通过强调道德的消极因素来否定道德的积极作用。这种观点忽视了道德作为上层建筑的重要组成部分，具有正反两方面的作用，片面强调其消极方面，或从根本上忽视其积极方面的存在，必然不利于道德作用的发挥。

小试牛刀 2

8 道德的认识功能是指道德反映社会现实特别是反映社会经济关系的功能和实效。(　　)

A. 正确　　B. 错误

【解】B。本题考查道德的功能。道德的认识功能是指道德反映社会关系特别是反映社会经济关系的功效与能力。由此可以看出，题干论述反映社会现实应改为反映社会关系。

9 道德的功能，一般是指道德作为社会意识的特殊形式对于社会发展所具有的功效与能力。在道德的功能系统中，最基本的功能包括(　　)。

A. 认识功能　　B. 规范功能　　C. 调节功能　　D. 表达功能

【解】D。本题考查道德的功能。在道德的功能系统中，最基本的功能是认识功能、规范功能和调节功能，D 选项表达功能不在此列。

10 道德发挥作用的性质是由(　　)。

A. 社会发展的历史阶段决定的

B. 道德所反映的经济基础、代表的阶级利益决定的

C. 道德的性质决定的

D. 上层建筑的性质决定的

【解】B。本题考查道德的作用。道德发挥作用的性质与社会发展的不同历史阶段相联系,由道德所反映的经济基础、代表的阶级利益所决定。

11 道德为经济基础的形成、巩固和发展服务,是一种重要的精神力量。道德的作用还表现在(　　)。

A. 对其他社会意识形态的存在有着重大的影响

B. 通过调整人们之间的关系维护社会秩序和稳定

C. 是推动人的全面发展的内在动力

D. 在阶级社会中,道德是调节阶级矛盾和对立阶级之间开展阶级斗争的重要工具

【解】ABCD。本题考查道德的作用。四个选项都是道德作用的表现。

要点3 ▶ 社会主义道德是崭新类型的道德

(1)道德的变化发展:

① 人类社会先后经历了五种基本社会形态,与此相适应,出现了原始社会的道德、奴隶社会的道德、封建社会的道德、资本主义社会的道德、社会主义社会的道德。在阶级社会中,占社会统治地位的道德是统治阶级的道德,而同时存在着的其他阶级的道德则处于从属地位。

② 人类道德的发展有其内在规律性,它是一个曲折上升的历史过程,总趋势是向上的、前进的。虽然在一定时期可能有某种停滞或倒退现象,但道德发展的总趋势是向上的、前进的,是沿着曲折的道路向前发展的,或者叫作**螺旋式上升、波浪式前进。人类道德发展的历史过程与社会生产力的发展基本保持一致,这是道德发展的基本规律。**

(2)**社会主义道德的先进性:**

与以往社会的道德相比,社会主义道德具有显著的先进性特征。这种先进性主要体现在:

① 社会主义道德是社会主义经济基础的反映。在以生产资料公有制为主体的社会主义社会,广大人民不仅在政治上实现了当家作主,而且在道德上实现了由被动到主动的转变。

② 社会主义道德是对人类优秀道德资源的批判继承和创新发展。以当代中国的社会主义道德体系为例,我们今天倡导的社会主义道德规范,不仅与中华传统美德承接,与中国共产党人在革命年代创立的革命道德相延续,同时也是对人类优秀道德成果的吸收和借鉴。

③ 社会主义道德克服了以往阶级社会道德的片面性和局限性,坚持以为人民服务为核心,坚持以集体主义为原则,展现出真实而强大的道义力量。

小试牛刀3

12 在阶级社会中,占社会统治地位的道德是(　　)。

A. 先进阶级的道德　　B. 统治阶级的道德

C. 人数占优势的阶级的道德　　D. 全民共同的道德

【解】B。本题考查阶级社会的道德。在阶级社会中,占社会统治地位的道德是统治阶级的道德。

13 人类道德的发展是一个曲折上升的历史过程。关于道德发展的规律，下列说法错误的是（　　）。

A. 道德发展的历史过程与社会生产方式的发展进程大体一致

B. 在一定时期可能有某种停滞或倒退现象

C. 道德发展的总趋势是向上的、前进的

D. 道德发展的历史过程与社会生产方式的发展进程完全同步

【解】D。本题考查道德发展的规律。ABC 三个选项都是道德发展的规律；人类道德发展的历史过程与社会生产方式的发展进程基本保持一致，但不是完全一致，故 D 选项错误。

14 人类道德的发展具有其内在的规律性。（　　）

A. 正确　　B. 错误

【解】A。本题考查道德发展的规律。论述正确。

15 人类道德的发展，是一个直线上升的历史过程。（　　）

A. 正确　　B. 错误

【解】B。本题考查道德发展的规律。道德发展是螺旋上升的。

16 人类道德的发展，是一个曲折上升的历史过程。人类道德进步的主要表现是（　　）。

A. 道德在社会生活中所起的作用越来越重要

B. 道德调控的范围不断扩大

C. 道德调控的手段或方式不断丰富、更加科学合理

D. 道德的发展和进步成为衡量社会文明程度的重要尺度

【解】ABCD。本题考查道德进步的表现。四个选项都是道德进步的表现。

小节 2　坚持以为人民服务为核心

要点 ▶ 社会主义道德为什么要坚持以为人民服务为核心

为什么人服务是道德的核心问题，决定并体现着道德建设的根本性质和发展方向，规定并制约着道德领域中的所有道德现象。

（1）**坚持以为人民服务为核心是社会主义道德的本质要求：**

① 为人民服务是社会主义经济基础和人际关系的客观要求。在我国，公有制为主体、多种所有制经济共同发展，按劳分配为主体、多种分配方式并存，社会主义市场经济体制等社会主义基本经济制度，是为人民服务的**根本制度保证**；团结互助、平等友爱、共同进步的人际关系，是为人民服务的**广泛社会基础**。

② 为人民服务是社会主义市场经济健康发展的要求。为人民服务与社会主义市场经济并不必然对立。社会主义市场经济不仅要求人们在一切经济活动中，正确处理个人与社会、竞争与协作、效率与公平、先富与共富、经济效益与社会效益等关系，形成健康有序的经济和社会生活规范，而且强调在社会主义物质文明和精神文明的引导下，每个市场主体都要有为人民服务的思想，自觉积极地为人民服务、为社会服务，把自身利益同国家和人民的共同利益结合起来。

（2）**坚持以为人民服务为核心是先进性与广泛性的统一：**

① 为人民服务是先进性要求和广泛性要求的统一。为人民服务，既伟大又平凡，既高尚又普通，它并非高不可攀、遥不可及，而是可以通过不同层次、不同形式表现出来。

② 为人民服务，是社会主义道德观的集中体现和核心，是社会主义道德区别和优越于其他

社会形态道德的显著标志。

小试牛刀 4

17 社会主义道德以为人民服务为核心，其原因在于(　　)。

A. 为人民服务体现了普世价值的要求

B. 为人民服务是社会主义经济基础和人际关系的客观要求

C. 为人民服务是社会主义市场经济健康发展的要求

D. 为人民服务是先进性要求和广泛性要求的统一

【解】BCD。本题考查社会主义道德为什么要坚持以为人民服务为核心。为人民服务是社会主义经济基础和人际关系的客观要求，是社会主义市场经济健康发展的要求，是先进性与广泛性的统一。普世价值是西方资本主义社会才强调的，故 A 错误。

18 为人民服务是社会主义经济基础的客观要求。(　　)

A. 正确　　B. 错误

【解】A。本题考查社会主义道德为什么要坚持以为人民服务为核心。论述正确。

小节 3　坚持以集体主义为原则

要点 1 ▶ **社会主义道德的原则**

(1)道德原则是道德规范体系的总纲，它最直接最集中地反映着一定社会经济关系和利益关系的根本要求，代表着一定阶级的根本利益和长远利益。

(2)社会主义道德的原则是集体主义。在我国，国家利益、社会整体利益和个人利益根本上的一致性，使得集体主义应当而且能够在全社会范围内贯彻实施。

(3)大学生应自觉坚持个人利益服从集体利益、局部利益服从整体利益、当前利益服从长远利益，反对小团体主义、本位主义和极端个人主义。

小试牛刀 5

19 道德的核心决定并体现着社会道德建设的根本性质和发展方向，道德的原则体现着社会道德的根本要求。下列关于我国社会主义道德的核心和原则的说法中，正确的是(　　)。

A. 以公平正义为核心，以团结互助为原则

B. 以诚实守信为核心，以知荣明耻为原则

C. 以为人民服务为核心，以集体主义为原则

D. 以爱国主义为核心，以改革创新为原则

【解】C。本题考查社会主义道德的核心和原则。社会主义道德以为人民服务为核心，以集体主义为原则。

要点 2 ▶ **集体主义如何调节三大利益关系**

长期以来，集体主义已经成为调节国家利益、社会整体利益和个人利益关系的基本原则。

(1)集体主义强调国家利益、社会整体利益和个人利益的辩证统一。国家利益、社会整体利益体现着个人根本的、长远的利益，是所有社会成员共同利益的统一。同时，每个人的正当利益，又都是国家利益、社会整体利益不可分割的组成部分。国家社会的兴衰与个人利益得失息

息相关。在现实生活中，国家利益、社会整体利益和个人利益是相辅相成的，要力求做到共同发展、相互增益、相得益彰。

(2)集体主义强调国家利益、社会整体利益高于个人利益。集体主义要求个人为国家、社会作出牺牲并不是随意的，只有在不牺牲个人利益就不能保全国家利益、社会整体利益的情况下，才要求个人作出牺牲，社会主义集体主义之所以强调个人利益要服从国家利益、社会整体利益，归根到底，既是为了维护国家、社会的共同利益，最终也是为了维护个人的根本利益和长远利益。

(3)集体主义重视和保障个人的正当利益。集体主义为培养个人的健全人格、鲜明个性和创新精神提供了道义保障。对于集体主义来说，只有个人的价值、尊严得到实现，个人的正当利益得到保证，集体才能有更强大的生命力和凝聚力。

小试牛刀 6

20 集体利益凌驾于个人利益之上。 ( )

A. 正确　　B. 错误

【解】B。本题考查集体主义如何调节三大利益关系。集体主义强调国家利益、社会整体利益高于个人利益，但集体主义要求个人为国家、社会作出牺牲并不是随意的，只有在不牺牲个人利益就不能保全国家利益、社会整体利益的情况下，才要求个人作出牺牲。

21 社会主义道德要以集体主义为原则。集体主义强调( )。

A. 国家利益、社会整体利益和个人利益的辩证统一

B. 国家利益、社会整体利益高于个人利益

C. 无条件牺牲个人利益保全国家利益、社会整体利益

D. 重视和保障个人的正当利益

【解】ABD。本题考查集体主义如何调节三大利益关系。集体主义强调国家利益、社会整体利益和个人利益的辩证统一，强调国家利益、社会整体利益高于个人利益，并且重视和保障个人的正当利益，故 ABD 三个选项都正确。集体主义要求个人为国家、社会作出牺牲并不是随意的，故 C 选项错误。

要点 3 ▶ 为什么集体主义仍然是社会主义道德的基本原则

在社会主义市场经济条件下，集体主义仍然而且应当成为社会主义道德的基本原则，是因为其有助于克服市场自身的弱点和消极方面，有助于形成追求高尚、激励先进的良好社会风气，保证社会主义市场经济的有序健康发展。

要点 4 ▶ 集体主义的层次性

根据我国现阶段经济社会生活和人们思想道德的实际，集体主义可分为三个层次的道德要求。

一是**无私奉献、一心为公**。这是集体主义的**最高层次**，是优秀共产党员、先进分子应努力达到的道德目标。

二是**先公后私、先人后己**。这是已经具有较高社会主义道德觉悟的人能够达到的要求，具有广泛的**社会基础**。

三是**顾全大局、遵纪守法、热爱祖国、诚实劳动**，以正当合法的手段保障个人利益。这是对公民**最基本的道德要求**。

小试牛刀7

22 集体主义的最高层次是(　　)。

A. 无私奉献、一心为公　　B. 先公后私、先人后己

C. 顾全大局、遵纪守法　　D. 热爱祖国、诚实劳动

【解】A。本题考查集体主义的层次性。无私奉献、一心为公是集体主义的最高层次。

23 根据我国现阶段经济社会生活和人们思想道德的实际,对公民最基本的集体主义的道德要求是(　　)。

A. 无私奉献、一心为公　　B. 先公后私、先人后己

C. 顾全大局、遵纪守法　　D. 热爱祖国、诚实劳动

【解】CD。本题考查集体主义的层次性。顾全大局、遵纪守法、热爱祖国、诚实劳动,以正当合法的手段保障个人利益,这是对公民最基本的道德要求。

第二节　吸收借鉴优秀道德成果

小节1　传承中华传统美德

要点1 ▶ 传统道德

(1)传统道德是历史上不同时代人们的行为方式、风俗习惯、价值观念和文化心理的集中体现,是对道德实践经验的提炼总结。

(2)中华传统美德是中华文化的精髓,蕴含着丰富的思想道德资源。中华传统美德是人类文明发展的重要精神财富,是社会主义道德建设的源头活水(中华传统美德的当代价值)。

要点2 ▶ 中华传统美德的基本精神

(1)**重视整体利益,强调责任奉献。**传统道德中的义利之辨、理欲之辨、公私之辨,**其核心和本质是公私之辨。**"公义胜私欲"是中华传统美德的根本要求。

(2)**推崇仁爱原则,注重以和为贵。**

(3)**提倡人伦价值,重视道德义务。**中华传统美德的一个重要特点,就是它非常重视每个人在人伦关系中的地位及价值,强调每个人都必须根据规范的要求,来尽自己应尽的义务。

(4)**追求精神境界,向往理想人格。**中华传统美德主张在物质生活基本满足的情况下应追求崇高的精神境界,把道德理想的实现看作是人生诸种需要中最高层次的需要。

(5)强调道德修养,注重道德践履。中国古代的思想家大都认为,在塑造理想人格的过程中,最重要的就是要奋发向上、切磋践履、修身养性。

小试牛刀1

1 "先义后利"和反对"见利忘义"的思想,在社会主义市场经济的今天已经没有太大意义了。(　　)

A. 正确　　B. 错误

【解】B。本题考查中华传统美德的基本精神。"公义胜私欲"是中华传统美德的根本要求,社会主义市场经济的今天仍然需要。

2 “老吾老以及人之老，幼吾幼以及人之幼”，体现了“仁爱”的原则。（ ）

A. 正确 B. 错误

【解】A。本题考查中华传统美德的基本精神。论述正确。

3 中国传统思想认为，“仁”这种道德品质和道德境界，对人们来说是遥不可及的。（ ）

A. 正确 B. 错误

【解】B。本题考查中华传统美德的基本精神，论述错误，如孔子就做到了“仁”。

4 中华民族优良道德传统强调追求精神境界，把道德理想的实现看作是一种高层次的需要。（ ）

A. 正确 B. 错误

【解】A。本题考查中华传统美德的基本精神。论述正确。

5 中华传统美德内涵丰富、博大精深，是中华传统文化中不可分割的组成部分，是人类文明发展的重要精神财富，是我国社会主义道德建设的源头活水。中国传统道德的根本要求是（ ）。

A.“己所不欲，勿施于人” B.“不学礼，无以立”

C.“养心莫善于诚” D.“公义胜私欲”

【解】D。本题考查中华传统美德的基本精神。“公义胜私欲”是中华传统美德的根本要求。

6 传统道德中的义利之辨、理欲之辨、公私之辨，其核心和本质是公私之辨。“公义胜私欲”是中国传统道德的根本要求。两千多年前的《诗经》已经提出“夙夜在公”的道德要求。以下与“夙夜在公”反映的重视整体利益，强调责任奉献的道德传统不一致的是（ ）。

A.“己所不欲，勿施于人” B.“以公灭私，民其允怀”

C.“国而忘家，公而忘私” D.“义以为上”“先义后利”“见利思义”

【解】A。本题考查中华传统美德的基本精神。“己所不欲，勿施于人”与“公”无关。

7 中华传统美德一直尊重人的尊严和价值，崇尚“仁爱”原则，主张“仁者爱人”，强调要“推己及人”，关心他人。以下与“推己及人”“仁者爱人”含义不一致的是（ ）。

A.“己欲立而立人，已欲达而达人” B.“吾日三省吾身”

C.“亲亲而仁民，仁民而爱物” D.“兼相爱，交相利”

【解】B。本题考查中华传统美德的基本精神。“吾日三省吾身”与“仁爱”无关。

8 重视整体利益，强调责任奉献，是中华传统美德的重要内容。中华传统美德的基本精神不包括（ ）。

A. 推崇“仁爱”原则，注重以和为贵 B. 提倡社会价值，重视道德义务

C. 强调道德修养，注重道德践履 D. 追求精神境界，向往理想人格

【解】B。本题考查中华传统美德的基本精神。提倡社会价值与中华传统美德不相符。

9 中华传统美德中重视整体利益，强调责任奉献。以下不符合这一美德的说法是（ ）。

A.“苟利国家生死以，岂因祸福避趋之” B.“以公灭私，民其允怀”

C.“公义胜私欲” D.“己所不欲，勿施于人”

【解】D。本题考查中华传统美德的基本精神。“己所不欲，勿施于人”与“公”无关。

10 中华传统美德中推崇“仁爱”原则，注重以和为贵。以下与其含义不一致的是（ ）。

A.“亲亲而仁民，仁民而爱物” B.“己所不欲，勿施于人”

C.“忠、孝、节、义” D.“亲仁善邻”

【解】C。本题考查中华传统美德的基本精神。“忠、孝、节、义”强调的是人伦关系，与“仁爱”无关。

11 中华传统美德中提倡人伦价值，重视道德义务。以下与其含义不一致的是（　　）。

A.“以身戴行”　　B.“仁、义、礼、智、信”

C.“父义”“母慈”“兄友”“弟恭”“子孝”　　D.“忠、孝、节、义”

【解】A。本题考查中华传统美德的基本精神。“以身戴行”意为言行合一，强调的是道德实践。

12 中华传统美德中追求精神境界，向往理想人格。以下与其含义不一致的是（　　）。

A.“明于庶物，察于人伦”　　B.“慎独”

C.“先天下之忧而忧，后天下之乐而乐”　　D.“富贵不能淫，贫贱不能移，威武不能屈”

【解】B。本题考查中华传统美德的基本精神。“慎独”是指在独处中更须谨慎不苟，强调的是道德实践。

13 中华传统美德中强调道德修养，注重道德践履。以下与其含义不一致的是（　　）。

A.“见贤思齐焉，见不贤而内自省也”　　B.“修己”“克己”“慎独”

C.“善养吾浩然之气”　　D.“义然后取”

【解】D。本题考查中华传统美德的基本精神。“义然后取”与修身无关。

14 诚实守信在我国思想道德建设中具有重要的特殊作用，它是（　　）。

A. 中华民族的传统美德　　B. 我国公民道德建设的重点

C. 社会主义道德的核心　　D. 社会主义核心价值观的一条重要准则

【解】ABD。本题考查中华传统美德的基本精神。社会主义道德的核心是为人民服务，故C选项错误。其他选项都是对诚实守信的正确界定。

要点 3　中华传统美德的创造性转化和创新性发展

（1）中国传统道德是一个矛盾体，具有鲜明的两重性。中华传统美德作为中国传统道德的精华部分，为今天的道德建设提供了丰富的资源，要在去粗取精、去伪存真的基础上坚持古为今用、推陈出新，努力实现中华传统美德的创造性转化和创新性发展。

（2）加强对中华传统美德的挖掘和阐发。必须通过科学的分析和鉴别，把其中具有时代价值的道德精神发掘出来，结合现代生活赋予其新的时代内涵，努力推动中华传统美德的创造性转化和创新性发展。很多传统美德的思想和理念，不论过去还是现在，都有鲜明的民族特色，都有永不褪色的时代价值。

（3）用中华传统美德滋养社会主义道德建设。要结合时代要求，按照是否有利于推动中国特色社会主义的建设事业；是否有利于建设和形成中国特色社会主义的道德体系；是否有利于培育和践行社会主义核心价值观的标准，充分彰显中华传统美德的时代价值和永恒魅力，使之与现代文化、现实生活相融相通，成为全体人民精神生活、道德实践的鲜明标识。要立足于面向大众、服务人民，发挥中华传统美德人伦日用的化育功能，使传统美德与日常生活水乳交融，让传统美德中蕴含的伦理精神点点滴滴地融入人们的生活，生根发酵，产生化育的功能，不断丰富人们的精神世界，增强人们的精神力量。

（4）在对待中国传统道德的问题上，要反对历史虚无主义和全盘复古论两种错误观点。这两种观点割断了道德的历史与发展的关系，否定道德的历史进步性。

小节2　发扬中国革命道德

要点1 中国革命道德的形成与发展

(1)含义:中国革命道德(社会主义道德的红色基因),是指中国共产党人、人民军队、一切先进分子和人民群众在中国革命、建设、改革中所形成的优秀道德,是马克思主义与中国革命、建设、改革的伟大实践相结合的产物,是中华民族极其宝贵的道德财富,是对中华传统美德的延续和发展。

(2)形成与发展:中国革命道德萌芽于五四运动前后,发端于中国共产党成立以后蓬勃发展的伟大工人运动和农民运动,经过土地革命战争、抗日战争、解放战争以及社会主义革命、建设、改革的长期发展,逐渐形成并不断发扬光大。

要点2 中国革命道德的主要内容

中国革命道德既包括革命道德的原则、要求、态度、修养、风尚等方面,也包括革命理想、革命精神等方面。红船精神、井冈山精神、苏区精神、长征精神、延安精神、西柏坡精神等红色精神中都蕴含着革命道德。具体来说,中国革命道德的主要内容是:

(1)为实现社会主义和共产主义理想而奋斗。坚持社会主义、共产主义理想和信念的不屈不挠的精神,是革命道德的灵魂。例子:夏明翰、方志敏。

(2)全心全意为人民服务。毛泽东把"为人民服务"作为对一切革命者的崇高品质的概括。全心全意为人民服务是贯穿中国革命道德始终的一根红线。例子:张思德。

(3)始终把革命利益放在首位。中国共产党人的初心和使命,就是为中国人民谋幸福,为中华民族谋复兴。民心是最大的政治,坚持以人民为中心。

(4)树立社会新风,建立新型人际关系。体现革命道德在社会生活层面的重要意义,有助于提升人民群众的文明水准和道德风貌,树立社会新风尚。

(5)修身自律,保持节操。体现在共产党人重视自身道德修养,把加强道德修养视为影响革命成败的大事,这是践履革命道德的重要环节。例子:周恩来。

小试牛刀2

15 中国革命道德是指中国共产党人、人民军队、一切先进分子和人民群众在中国新民主主义革命和社会主义革命、建设与改革中所形成的优良道德。中国革命道德主要包括为实现社会主义和共产主义理想而奋斗、全心全意为人民服务、始终把革命利益放在首位、树立社会新风、建立新型人际关系和修身自律、保持节操。革命道德的灵魂是(　　)。

A. 坚持社会主义、共产主义理想和信念的不屈不挠的精神

B. 全心全意为人民服务

C. 始终把革命利益放在首位

D. 树立社会新风,建立新型人际关系

【解】A。本题考查中国革命道德的主要内容。坚持社会主义、共产主义理想和信念的不屈不挠的精神,是革命道德的灵魂。

16 中国革命道德具有丰富而独特的内涵,既包括革命道德的原则、要求、态度、修养、风尚等方面,也包括理想、思想意识方面的"应当"。贯穿中国革命道德始终的一根红线是(　　)。

A. 坚持社会主义、共产主义理想和信念的不屈不挠的精神

B. 全心全意为人民服务

C. 始终把革命利益放在首位

D. 树立社会新风和修身自律、保持节操

【解】B。本题考查中国革命道德的主要内容。全心全意为人民服务是贯穿中国革命道德始终的一根红线。

17 《中华人民共和国民法总则》第一百八十五条规定:“侵害英雄烈士等的姓名、肖像、名誉、荣誉,损害社会公共利益的,应当承担民事责任。”这一规定,有利于弘扬烈士精神,缅怀烈士功绩,发扬光大中国革命道德,培养公民的爱国主义、集体主义精神和社会主义道德风尚,培育和践行社会主义核心价值观,增强中华民族的凝聚力,激发实现中华民族伟大复兴中国梦的强大精神力量。中国革命道德的内容的主要点包括(　　)。

A. 为实现社会主义和共产主义理想而奋斗　　B. 全心全意为人民服务

C. 始终把革命利益放在首位　　D. 树立社会新风和修身自律、保持节操

【解】ABCD。本题考查中国革命道德的主要内容。中国革命道德的主要内容是:为实现社会主义和共产主义理想而奋斗;全心全意为人民服务;始终把革命利益放在首位;树立社会新风,建立新型人际关系;修身自律,保持节操。

要点 3 ▶ 中国革命道德的当代价值

中国革命道德是中国共产党领导全体人民实现民族独立、人民解放的精神支撑和思想武器,对于我们走好新时代的长征路,实现中华民族伟大复兴仍然具有极其重要的现实意义。

(1)有利于加强和巩固社会主义和共产主义的理想信念。

(2)有利于培育和践行社会主义核心价值观。中国革命道德,是先进价值观在道德领域的集中体现,蕴含着培育和践行社会主义核心价值观的丰富思想道德资源。

(3)有利于引导人们树立正确的道德观。

(4)有利于培育良好的社会道德风尚。中国革命道德在社会生活层面上的重要意义在于树立社会新风,建立新型人际关系。充分发挥革命道德的精神力量,培育良好的社会道德风尚,净化社会人际关系,抵制各种腐朽思想,树立浩然正气,凝聚崇德向善的正能量。

小节 3　借鉴人类文明优秀道德成果

要点 1 ▶ 为何借鉴

(1)文明因交流而多彩,文明因互鉴而丰富。一种文化能够通过与其他文化交流碰撞和冲突融合而保持生命力,是实现自我更新和自我发展的重要条件。

(2)世界各文明优秀道德成果中,不乏超越时代、国家、民族乃至阶级界限的真知灼见,为人类道德进步提供了丰富资源。

要点 2 ▶ 如何借鉴

借鉴和吸收人类文明优秀道德成果,必须秉承正确的态度和科学的方法。

(1)**要坚持马克思主义立场、观点、方法,**在道德问题上把握好共性和个性、抽象和具体、一般和个别的关系。

(2)**要坚持以我为主、为我所用,**批判继承其他国家的道德成果。

(3)**要掌握好鉴别取舍的标准,善于在吸收中消化,**把人类文明优秀道德成果变成自己道德文明体系的组成部分。

第三节 投身崇德向善的道德实践

小节 1 遵守社会公德

要点 1 公共生活与公共秩序

(1)公共生活：

① 公私生活区别：公共生活是相对于私人生活而言的，私人生活以家庭内部活动和个人活动为主要领域，具有一定的封闭性和隐秘性。在公共生活中，一个人的行为，必定与他人发生直接或间接的联系，具有鲜明的开放性和透明性，对社会的影响更为直接和广泛。

② 公共生活的特征主要表现在四个方面：一是活动范围的广泛性；二是活动内容的开放性；三是交往对象的复杂性；四是活动方式的多样性。

(2)公共秩序：

① 含义：公共秩序是由一定规范维系的人们公共生活的一种有序化状态。公共生活领域越扩大，对公共秩序的要求就越高。

② 作用：有序的公共生活是社会生产活动的重要基础，是提高社会成员生活质量的基本保障，是社会文明的重要标志。

小试牛刀 1

1 当代公共生活的特征的主要表现不包括(　　)。

A. 活动范围的稳定性　　B. 活动内容的开放性

C. 交往对象的复杂性　　D. 活动方式的多样性

【解】A。本题考查公共生活与公共秩序。公共生活的特征主要表现在四个方面：一是活动范围的广泛性，二是活动内容的开放性，三是交往对象的复杂性，四是活动方式的多样性。A 选项活动范围的稳定性应该改为广泛性。

2 公共生活需要公共秩序，关于有序的公共生活，下列说法错误的是(　　)。

A. 区分社会制度性质的首要条件　　B. 社会生产活动的重要基础

C. 提高社会成员生活质量的基本保障　　D. 社会文明的重要标志

【解】A。本题考查公共生活与公共秩序。有序的公共生活是社会生产活动的重要基础，是提高社会成员生活质量的基本保障，是社会文明的重要标志。有序的公共生活无法区分社会制度性质，故 A 选项错误。

3 有序的公共生活是提高社会成员生活质量的基本保障。(　　)

A. 正确　　B. 错误

【解】A。本题考查公共生活与公共秩序。论述正确。

要点 2 公共生活中的道德规范(社会公德)

(1)含义：公共生活中的道德规范，即社会公德，是指人们在社会交往和公共生活中应该遵守的行为准则，是维护公共利益、公共秩序、社会和谐稳定的起码的道德要求，涵盖了人与人、人与社会、人与自然之间的关系。

(2)内容:每一个社会成员,都应遵守以**文明礼貌、助人为乐、爱护公物、保护环境、遵纪守法**为主要内容的社会公德。其中,遵纪守法是对公民最基本的要求。

小试牛刀 2

4 助人为乐是社会主义人道主义的基本要求,我国自古就有"君子成人之美""为善最乐""博施济众"的优良传统,把帮助别人视为自己应做之事,看作自己的快乐。以下体现助人为乐这一社会公德内容的名言是(　　)。

A."相敬如宾""琴瑟和谐"　　B."比翼鸟""连理枝"

C."赠人玫瑰,手有余香"　　D."远亲不如近邻"

【解】C。本题考查社会公德。只有 C 选项体现助人为乐。

5 公共生活中的道德规范即社会公德。社会公德涵盖的关系不包括(　　)。

A. 人与人之间的关系　　B. 人与社会之间的关系

C. 人与自然之间的关系　　D. 人与物之间的关系

【解】D。本题考查社会公德。社会公德里虽然有爱护公物,但这与体现人与物之间的关系没有关联。

6 以下对社会公德理解不正确的是(　　)。

A. 社会公德是指人们在社会交往和公共生活中应该遵守的行为准则

B. 遵纪守法是全体公民都必须遵循的基本行为准则

C. 社会公德是维护公共利益、公共秩序、社会和谐稳定的起码的道德要求

D. 社会公德的最高层次的要求是奉献社会

【解】D。本题考查社会公德。社会公德的主要内容是文明礼貌、助人为乐、爱护公物、保护环境、遵纪守法,这里面不涉及奉献社会。

7 在社会主义现代化建设的进程中,每一个社会成员都应遵守的社会公德的主要内容不包括(　　)。

A. 文明礼貌、助人为乐　　B. 保护环境、爱护公物

C. 爱岗敬业　　D. 遵纪守法

【解】C。本题考查社会公德。社会公德的主要内容是文明礼貌、助人为乐、爱护公物、保护环境、遵纪守法。

8 每个社会成员都应该爱护公共财物是社会公德的基本要求。　(　　)

A. 正确　　B. 错误

【解】A。本题考查社会公德。论述正确。

9 遵纪守法是社会公德的最基本要求。　(　　)

A. 正确　　B. 错误

【解】A。本题考查社会公德。论述正确。

10 在公共场所,人人都有可能遇到一些突发性灾祸,如车祸、火灾、溺水、急病等。这就需要人们见义勇为,临危不惧,积极为他人排忧解难,甚至不怕牺牲生命。这是社会生活中社会公德的要求。　(　　)

A. 正确　　B. 错误

【解】A。本题考查社会公德。论述正确。

11 社会公德的主要内容是文明礼貌、助人为乐、爱护公物、保护环境、遵纪守法。（　　）

A. 正确　　B. 错误

【解】A。本题考查社会公德。论述正确。

要点3 ▶ 网络生活中的道德要求

(1)含义：网络生活中的道德要求，是人们在网络生活中为了维护正常的网络公共秩序需要共同遵守的基本道德准则。

(2)网络生活必须遵守道德规范的原因在于：

第一，网络生活也是公共生活。从本质上说，网络交往仍然是人与人的现实交往，网络生活也是人的真实生活，因而也必须遵守道德规范。第二，网络生活中的道德要求是社会公德规范在网络空间的运用和扩展。

(3)如何实现网络文明：

① 正确使用网络工具。② 加强网络文明自律。首先，健康进行网络交往；其次，自觉避免沉迷网络；最后，加强网络道德自律。③ 营造良好的网络道德环境。一方面要自觉抵制不良网络言论，另一方面，应当带头引导网络舆论。

小试牛刀3

12 网络生活中的道德要求，是人们在网络生活中为了维护正常的网络公共秩序而需要共同遵守的基本道德准则，是社会公德规范在网络空间的运用和扩展。其基本要求包括(　　)。

A. 正确使用网络工具　　B. 健康进行网络交往

C. 自觉避免沉迷网络　　D. 积极引领网络舆论

【解】ABCD。本题考查网络生活中的道德要求。四个选项都是网络生活中的道德要求。

小节2　恪守职业道德

要点 ▶ 职业道德

(1)人类是劳动创造的，社会是劳动创造的。正确的劳动观念是维系人们职业活动和职业生活的思想观念保障。

(2)爱岗敬业、诚实守信(正常秩序的基本保证)、办事公道、服务群众和奉献社会(社会主义职业道德中的最高层次要求、最高目标指向)是职业生活中的基本道德规范，都体现了奉献社会的精神。

小节3　弘扬家庭美德

要点1 ▶ 注重家庭、家教、家风

家庭是社会的基本细胞，是人生的第一所学校。不论时代发生多大变化，都要重视家庭建设，注重家庭、家教、家风。

(1)注重家庭。家庭和睦则社会安定，家庭幸福则社会祥和，家庭文明则社会文明。历史和现实告诉我们，家庭的前途命运同国家和民族的前途命运紧密相连。

(2)注重家教。家庭是人生的第一个课堂，父母是孩子的第一任老师。家庭教育涉及很多

方面，但最重要的是品德教育，是如何做人的教育。

(3)注重家风。家风是指一个家庭或家族的传统风尚或作风。良好的家风，对家庭成员的个人修养产生重要的作用，也对整个社会道德风尚的形成产生重要的影响。当代大学生应该积极参与家庭文明建设，推动形成**爱国爱家、相亲相爱、向上向善、共建共享的社会主义家庭文明新风尚。**

小试牛刀 4

13 家庭是社会的基本细胞，是人生的第一所学校。不论时代发生多大变化，都要重视家庭建设，注重家庭、家教、家风。以下选项内容错误的是(　　)。

A. 家庭的前途命运同国家和民族的前途命运紧密相连

B. 家庭教育最重要的是思想教育，是如何做人的教育

C. 良好家风对家庭成员的个人修养和整个社会道德风尚的形成有重要的影响

D. 家庭是国家发展、民族进步、社会和谐的重要基点

【解】B。本题考查家庭教育。家庭教育涉及很多方面，但最重要的是品德教育，是如何做人的教育。故B选项错误。

要点 2 ▶ 恋爱、婚姻家庭中的道德规范

爱情是一对男女基于一定的社会基础和共同的生活理想，在各自内心形成的相互倾慕并渴望对方成为自己终身伴侣的一种强烈、纯真、专一的感情。男女双方培养爱情的过程或在爱情基础上进行的相互交往活动，就是人们日常所说的恋爱。

婚姻是指由法律所确认的男女两性的结合以及由此而产生的夫妻关系。家庭是指在婚姻关系、血缘关系或收养关系基础上产生的亲属之间所构成的社会生活单位。

(1)恋爱中的道德规范：

一是尊重人格平等。主要是尊重对方的独立性和重视双方的平等。**二是自觉承担责任。**自愿地为对方承担责任，是爱情本质的体现。**三是文明相亲相爱。**

(2)婚姻家庭生活中的道德规范：

① 恋爱、婚姻、家庭的关系：恋爱是建立幸福婚姻家庭的前奏。婚姻和家庭是两个既密切相关又具有明显区别的概念。**婚姻是家庭产生的重要前提，家庭又是缔结婚姻的必然结果。**婚姻的成功体现为家庭的幸福，家庭的美满又彰显出婚姻的意义。

② 家庭美德的主要内容：**家庭美德以尊老爱幼、男女平等**(实行男女平等是我国的基本国策)**、夫妻和睦**(夫妻关系是家庭关系的核心)**、勤俭持家、邻里团结为主要内容。**

小试牛刀 5

14 2015年2月17日，习近平在2015年春节团拜会上的讲话中指出："家庭是社会的基本细胞，是人生的第一所学校。不论时代发生多大变化，不论生活格局发生多大变化，我们都要重视家庭建设，注重家庭、注重家教、注重家风。"以下符合家庭美德的选项有(　　)。

A. "远亲不如近邻"　　B. "君子成人之美"

C. "为善最乐"　　D. "博施济众"

【解】A。本题考查恋爱、婚姻家庭中的道德规范。家庭美德以尊老爱幼、男女平等、夫妻和睦、勤俭持家、邻里团结为主要内容，与之符合的只有"远亲不如近邻"。

15 恋爱中的道德规范不包括(　　)。

A. 尊重人格平等　　B. 自觉承担责任

C. 尊重双方家长　　D. 文明相亲相爱

【解】C。本题考查恋爱、婚姻家庭中的道德规范。恋爱中的道德规范:尊重人格平等、自觉承担责任、文明相亲相爱。

16 以下关于恋爱、婚姻、家庭表述不正确的是(　　)。

A. 恋爱是缔结婚姻的必然结果　　B. 婚姻的成功体现为家庭的幸福

C. 婚姻是家庭产生的重要前提　　D. 家庭是缔结婚姻的必然结果

【解】A。本题考查恋爱、婚姻家庭中的道德规范。恋爱是建立幸福婚姻家庭的前奏,并不是缔结婚姻的必然结果。

17 家庭美德是每个公民在家庭生活中应该遵循的行为准则,涵盖了夫妻、长幼、邻里之间的关系。以下家庭美德的基本规范中,属于我国基本国策的是(　　)。

A. 尊老爱幼　　B. 男女平等　　C. 夫妻和睦　　D. 勤俭持家

【解】B。本题考查恋爱、婚姻家庭中的道德规范。男女平等属于我国基本国策。

18 2012 年 10 月 19 日,中央电视台《新闻联播》破天荒地用 3 分钟的时间报道了文氏四兄弟两个多月来在桂林满城开车寻找走失母亲的画面,新闻播出后,引发国人关注。家庭美德是每个公民在家庭生活中应该遵循的行为准则,涵盖了夫妻、长幼、邻里之间的关系。不属于家庭美德的基本规范的是(　　)。

A. 尊老爱幼　　B. 男女平等、夫妻和睦

C. 勤俭持家、邻里团结　　D. 同甘共苦

【解】D。本题考查恋爱、婚姻家庭中的道德规范。家庭美德以尊老爱幼、男女平等、夫妻和睦、勤俭持家、邻里团结为主要内容。

19 千千万万个家庭是国家发展、民族进步、社会和谐的重要基点,是人们梦想启航的地方。应该积极参与家庭文明建设,推动形成社会主义家庭文明新风尚。社会主义家庭文明新风尚的内容不包括(　　)。

A. 爱党爱家　　B. 相亲相爱　　C. 向上向善　　D. 共建共享

【解】A。本题考查恋爱、婚姻家庭中的道德规范。社会主义家庭文明新风尚:爱国爱家、相亲相爱、向上向善、共建共享。

20 人们在社会生活中形成和应当遵守的最简单、最起码的公共生活准则是家庭道德。(　　)

A. 正确　　B. 错误

【解】B。本题考查社会公德、家庭美德。题干中家庭道德应改为社会公德。

21 社会公德是人类社会中最起码、最简单的行为准则。(　　)

A. 正确　　B. 错误

【解】B。本题考查社会公德、家庭美德。论述正确。

要点 3 ▶ 树立正确的恋爱观和婚恋观

(1)树立正确的恋爱观和婚恋观:

第一,不能误把友谊当爱情。

第二,不能错置爱情的地位。杜绝以下两个观点:

爱情至上。持这种观点的人认为爱情凝聚着生活的全部意义，爱情就是一切，是全部生命价值的所在，除此之外，一切都是乏味的。

爱情理想化。爱情理想化的人，往往把人的各种优秀品质集中在一个梦中情人身上，因此，当他们用这一理想模式去衡量现实生活中的异性时，发现对方总不能尽如人意。

第三，不能片面或功利化地对待恋爱。

爱情功利化倾向是指把作为爱情辅助因素的各种物质条件当作爱情产生的前提和基础。持这种观点的人，过分强调物质条件，把爱情建立在金钱、财富以及学历、社会地位之上。这种爱的立足点不是人而是人之外的东西。

诚然，财富、学位、地位等可以体现一个人的才能，在选择爱情时适当考虑这些条件也是合理的。但是，如果走上极端，纯粹为了满足自己的功利要求，而把这些条件置于优先考虑的地位则是不正当的。

第四，不能只重过程不顾后果。

第五，不能因失恋而迷失人生方向。

(2)要处理好几种关系：一是恋爱与学习的关系；二是恋爱与关心集体的关系；三是恋爱与关心他人和社会的关系。

小试牛刀 6

22 “不在乎天长地久，只在乎曾经拥有”，是现代社会爱情观的一种明智选择。（　　）

A. 正确　　B. 错误

【解】B。本题考查树立正确的恋爱观和婚恋观。恋爱不能只重过程不顾后果。

23 一位大学生在日记中写道：“第一次见到她，我就倾倒了——为她的眼睛、脸庞、悦耳的声音和那迷人的风度。我总想见到她，每次都不敢正面瞧她一眼。”这位大学生在日记中所描述的就是爱情。（　　）

A. 正确　　B. 错误

【解】B。本题考查树立正确的恋爱观和婚恋观。这不叫爱情，这叫单相思，是想当然地片面看到爱情。爱情是一对男女基于一定的社会基础和共同的生活理想，在各自内心形成的相互倾慕并渴望对方成为自己终身伴侣的一种强烈、纯真、专一的感情。

24 爱情具有互爱性特征，具有专一性特征，具有奉献性特征。（　　）

A. 正确　　B. 错误

【解】A。本题考查树立正确的恋爱观和婚恋观。论述正确。

小节 4　锤炼个人品德

要点 1 ▸ 个人品德及其作用

(1)含义：个人品德是通过社会道德教育和个人自觉的道德修养所形成的稳定的心理状态和行为习惯。它是个体对某种道德要求认同和践履的结果，集中体现了道德认知、道德情感、道德意志、道德信念和道德行为的内在统一。个人品德具有实践性、综合性、稳定性等鲜明的特点。

(2)作用：

个人品德在社会道德建设中具有基础性作用。社会公德、职业道德和家庭美德建设，最终都要落实到个人品德的养成上。无论是社会的和谐有序，还是个人的人格健全，都有赖于个人

品德的不断提升。个人品德的作用主要表现为三个方面：① 个人品德对道德和法律作用的发挥具有重要的推动作用。② 个人品德是个体人格完善的重要标志。③ 个人品德是经济社会发展进程中重要的主体精神力量。

小试牛刀7

25 在社会道德建设中具有基础性作用的是(　　)。

A. 个人品德　　B. 职业道德　　C. 家庭美德　　D. 社会公德

【解】A。本题考查个人品德及其作用。个人品德在社会道德建设中具有基础性作用。

26 在现实生活中，个人品德的作用主要表现为，个人品德(　　)。

A. 对道德和法律作用的发挥具有重要的推动作用

B. 是经济社会发展的核心动力

C. 是个体人格完善的重要标志

D. 是经济社会发展进程中重要的主体精神力量

【解】ACD。本题考查个人品德及其作用。ACD 三个选项都是个人品德的作用；经济社会发展的核心动力是科技创新，根本动力是改革创新，故 B 选项错误。

要点 2 如何涵养高尚的道德品格

(1)形成正确的道德认知和道德判断。形成正确的道德认知和道德判断，最根本的就是要坚持以唯物史观的基本原理来看待道德。

(2)激发正向的道德认同和道德情感。

(3)强化坚定的道德意志和道德信念。道德修养重在践行。在道德认知向道德行为转化的过程中，道德意志和道德信念是关键环节。

要点 3 如何在践行中提升道德修养

(1)向道德模范学习。学习道德模范的高尚品格和先进事迹，有利于提升全体社会成员的道德素质和社会整体道德水平。尊崇道德模范、学习道德模范，是时代的呼声、是群众的心声。道德模范是群众身边看得见、摸得着的榜样，是可以学、能够学的标杆。从自我做起，从身边事做起，从小事做起，积善成德。这是学习道德模范的方法。

(2)参与志愿服务活动。志愿服务是培育和弘扬社会主义核心价值观的重要载体。志愿服务的精神是奉献、友爱、互助、进步。其中，奉献精神是精髓。大学生积极投身志愿服务活动，一是到最需要的地方去；二是帮助弱势群体；三是做力所能及的事。

小试牛刀8

27 锤炼高尚道德品格，就要在知情意信行等方面加强道德修养，提高道德实践能力，自觉讲道德、尊道德、守道德，自觉明大德、守公德、严私德，努力(　　)。

A. 形成正确的道德认知和道德判断　　B. 激发正向的道德认同和道德情感

C. 强化坚定的道德意志和道德信念　　D. 向道德模范学习

【解】ABCD。本题考查如何在践行中提升道德修养。四个选项均正确。

要点 4 提升道德修养的正确方法

“纸上得来终觉浅，绝知此事要躬行”。高尚道德品格的形成重在实践，贵在坚持。大学生投身崇德向善的道德实践，需要掌握道德修养的正确方法：**学思并重；省察克治；慎独自律；知行合一；积善成德。**

小试牛刀 9

28 “吾日三省吾身”（曾子），这属于中国传统道德修养方法中的（　　）。

A. 省察克治　　B. 学思并重　　C. 慎独自律　　D. 积善成德

【解】A。本题考查提升道德修养的正确方法。省察克治指每时每刻都思考检查自己的思想言行是否符合道德要求，与“吾日三省吾身”相符。

29 东汉安帝时，昌邑县令王密为感谢杨震的提挈之恩，夜里怀金十斤馈赠，被杨震拒绝。王密说：“暮夜无知者。”杨震答道：“天知，神知，我知，子知。何谓无知！”王密听后“愧而出”。个人加强道德修养，应借鉴历史上思想家们所提出的各种积极有效的加强道德修养的方法，并结合当今社会发展的需要和当代人道德修养的实践经验，身体力行。这个故事告诉我们，个人加强道德修养，要采取（　　）。

A. 学思并重的方法　　B. 省察克治的方法

C. 慎独自律的方法　　D. 积善成德的方法

【解】C。本题考查提升道德修养的正确方法。故事强调即便没人知道也要谨慎，别做错事，与慎独自律异曲同工。

要点 5 ▶ 好的社会风尚是怎样的

良好的社会风尚是人们在社会道德实践中逐渐形成起来的。大学生投身崇德向善的道德实践，要弘扬真善美、贬斥假恶丑，做社会主义道德的示范者和引领者，促成知荣辱、讲正气、作奉献、促和谐的社会风尚。

(1)知荣辱。荣辱观对个人的思想行为具有鲜明的动力、导向和调节作用。社会风尚同荣辱观紧密相连，两者相互影响、相互作用。

(2)讲正气。讲正气，就是坚持真理、坚持原则，坚持同一切歪风邪气作斗争。

(3)作奉献。奉献精神是社会责任感的集中表现。

(4)促和谐。民主法治、公平正义、诚信友爱、充满活力、安定有序、人与自然和谐相处的社会，是国家富强、民族复兴、人民幸福的重要保证。

图例笔记与思考讨论

小节 1　图例笔记

要点 1 ▶ 中国古代的“四维”

礼、义、廉、耻，是古人推崇的基本道德规范，《管子》中把它们比喻为“四维”。“维”的原意是发挥骨干性作用的大绳索，用在这里是强调礼、义、廉、耻的重要作用。欧阳修后来提出：“礼义廉耻，国之四维；四维不张，国乃灭亡。”

道德之于个人、之于社会，都具有基础性意义，做人做事放在第一位的是崇德修身。

要点 2 道德万能还是道德无用

在道德作用问题上，有两种极端的看法，即“道德万能论”和“道德无用论”。

“道德万能论”片面夸大道德的作用，认为道德决定一切、高于一切、支配一切，只要道德水平高，一切社会问题都可以迎刃而解。这种观点的根本错误在于，颠倒了社会存在和社会意识、经济基础和上层建筑之间的决定与被决定的关系，否定了物质资料的生产方式在社会发展中的决定作用。事实上，无论是在古代社会，还是在现代社会，道德都不是社会历史发展的最终决定因素。

“道德无用论”则根本否认道德的作用，或者通过强调非道德因素的作用来否定道德的积极作用，或者通过强调道德消极因素的作用来否定道德的积极作用。这种观点的根本错误在于，忽视了道德作为上层建筑的重要组成部分对经济基础和生产力发展所具有的一定的反作用。

要点 3 中国人民解放军总部关于重行颁布三大纪律八项注意的训令（一九四七年十月十日）

内容如下：

“一、本军三大纪律八项注意，实行多年，其内容各地各军略有出入。现在统一规定，重行颁布。望即以此为准，深入教育，严格执行。至于其他应当注意事项，各地各军最高首长，可根据具体情况，规定若干项目，以命令施行之。

二、三大纪律如下：（一）一切行动听指挥；（二）不拿群众一针一线；（三）一切缴获要归公。

三、八项注意如下：（一）说话和气；（二）买卖公平；（三）借东西要还；（四）损坏东西要赔；（五）不打人骂人；（六）不损坏庄稼；（七）不调戏妇女；（八）不虐待俘虏。

要点 4 加强社会公德、职业道德、家庭美德、个人品德建设

《新时代公民道德建设实施纲要》明确了新时代公民道德建设的总体要求、重点任务，强调要深化道德教育引导、推动道德实践养成、抓好网络空间道德建设、发挥制度保障作用及加强组织领导。《新时代公民道德建设实施纲要》强调，要把社会公德、职业道德、家庭美德、个人品德建设作为着力点。推动践行以文明礼貌、助人为乐、爱护公物、保护环境、遵纪守法为主要内容的社会公德，鼓励人们在社会上做一个好公民；推动践行以爱岗敬业、诚实守信、办事公道、热情服务、奉献社会为主要内容的职业道德，鼓励人们在工作中做一个好建设者；推动践行以尊老爱幼、男女平等、夫妻和睦、勤俭持家、邻里互助为主要内容的家庭美德，鼓励人们在家庭里做一个好成员；推动践行以爱国奉献、明礼遵规、勤劳善良、宽厚正直、自强自律为主要内容的个人品德，鼓励人们在日常生活中养成好品行。

要点 5 《中华人民共和国民法典》第 1043 条

家庭应当树立优良家风，弘扬家庭美德，重视家庭文明建设。

夫妻应当互相忠实，互相尊重，互相关爱；家庭成员应当敬老爱幼，互相帮助，维护平等、和睦、文明的婚姻家庭关系。

要点 6 中国古代思想家提出的五种代表性道德修养方法

学思并重，即通过虚心学习，积极思索，辨别善恶，学善戒恶，以涵养良好的德行；省察克治，即通过反省检验以发现自己思想与行为中的不良倾向，并及时对它们进行抑制和克服；慎独自律，强调在“隐”和“微”上下功夫，是对个人内心深处比较隐蔽的意识、情绪进行管理和自律的一种修养方式；知行合一，即把提高道德认识与躬行道德实践统一起来，以促进道德要求内化为个人的道德品质，外化为实际的道德行为；积善成德，即通过积累善行或美德，使之巩固强化，以逐渐凝结成优良的品德。

要点 7 ▶ 道德模范太高大，不可学吗？

一些人认为，道德模范固然可敬可爱，但不可学，因为他们太高大。其实，道德模范既包括在一定社会道德实践中涌现出的符合特定道德理想类型的人物，又包括人们日常生活中能够近距离感受到的具有积极道德影响的人物。道德模范的可贵之处在于，他们不仅做了普通人愿意做和能够做的事，并且主动做了许多人应该做却没有做的事，而且把大多数人能够做的事做得更好。道德模范都是从自我做起，从身边事做起，从小事做起，以此实现由现实自我向理想自我的飞跃。

小节 2　思考讨论

1. 道德的力量是无穷的，国无德不兴，人无德不立。结合实际，谈谈道德的作用。

【答】(1)道德的作用是指道德的认识、规范、调节、激励、导向、教育等功能的发挥和实现所产生的社会影响及实际效果。第一，道德为经济基础的形成、巩固和发展服务(通过调节人际关系)，是一种重要的精神力量；第二，道德对其他社会意识形态的存在有着重大的影响(法律、艺术等)；第三，道德通过调整人们之间的关系维护社会秩序和稳定；第四，道德是提高人的精神境界、促进人的自我完善、推动人的全面发展的内在动力；第五，在阶级社会中，道德是调节阶级矛盾和对立阶级之间开展阶级斗争的重要工具。

(2)道德发挥作用的性质与社会发展的不同历史阶段相联系，由道德所反映的经济基础、代表的阶级利益所决定。只有反映先进生产力发展要求和进步阶级利益的道德，才会对社会的发展和人的素质的提高产生积极的推动作用，否则，就不利于甚至阻碍社会的发展和人的素质的提高。

(3)在道德的作用问题上，要反对两种极端的看法，即“道德万能论”和“道德无用论”。

2. 社会主义道德是人类道德发展史上一种崭新类型的道德，谈谈社会主义道德为什么要以为人民服务为核心、以集体主义为原则。

【答】(1)为什么人服务是道德的核心问题，决定并体现着道德建设的根本性质和发展方向，规定并制约着道德领域中的所有道德现象。

① 这是社会主义道德的本质要求。

为人民服务是社会主义经济基础和人际关系的客观要求。在我国，公有制为主体、多种所有制经济共同发展，按劳分配为主体、多种分配方式并存，社会主义市场经济体制等社会主义基本经济制度，是为人民服务的根本制度保证；团结互助、平等友爱、共同进步的人际关系，是为人民服务的广泛社会基础。

为人民服务是社会主义市场经济健康发展的要求。为人民服务与社会主义市场经济并不必然对立。社会主义市场经济不仅要求人们在一切经济活动中，正确处理个人与社会、竞争与协作、效率与公平、先富与共富、经济效益与社会效益等关系，形成健康有序的经济和社会生活规范，而且强调在社会主义物质文明和精神文明的引导下，每个市场主体都要有为人民服务的思想，自觉积极地为人民服务、为社会服务，把自身利益同国家和人民的共同利益结合起来。

② 这是先进性与广泛性的统一。

为人民服务是先进性要求和广泛性要求的统一。为人民服务，既伟大又平凡，既高尚又普

通，它并非高不可攀、遥不可及，而是可以通过不同层次、不同形式表现出来。

为人民服务，是社会主义道德观的集中体现和核心，是社会主义道德区别和优越于其他社会形态道德的显著标志。

(2)在社会主义市场经济条件下，集体主义仍然而且应当成为社会主义道德的基本原则，是因为其有助于克服市场自身的弱点和消极方面，有助于形成追求高尚、激励先进的良好社会风气，保证社会主义市场经济的有序健康发展。

① 集体主义强调国家利益、社会整体利益和个人利益的辩证统一。在现实生活中，国家利益、社会整体利益和个人利益是相辅相成的，不是靠抑制一方来发展另一方，而是要力求做到共同发展、相互增益、相得益彰。

② 集体主义强调国家利益、社会整体利益高于个人利益。个人应当以大局为重，使个人利益服从国家利益、社会整体利益，在必要时作出牺牲。

③ 集体主义重视和保障个人的正当利益。集体主义促进和保障个人正当利益的实现，使个人的才能、价值得到充分的发挥。这不但与集体主义不矛盾，而且正是集体主义思想的应有之义。只有在国家、社会中个人才能获得全面发展，才可能有个人自由。

3. 中华传统美德是社会主义道德建设的源头活水，中国革命道德是社会主义道德的红色基因。结合实际，谈谈新时代大学生如何传承中华传统美德和弘扬中国革命道德。

【答】首先，要充分学习和掌握中华传统美德和中国革命道德的基本内容和基本要求，积极阅读相关文献，采用学思并重的方法消化吸收。

其次，要注重实践，可以积极参加和组织与传承中华传统美德和弘扬中国革命道德有关的宣传和交流活动，也可以从自我做起，从小事做起，身体力行地发扬中华传统美德和弘扬中国革命道德，并在实践中反省和升华。

再次，中华传统美德作为中国传统道德的精华部分，要在去粗取精、去伪存真的基础上坚持古为今用、推陈出新。也要加强对其的挖掘和阐发，通过科学的分析和鉴别，把其中具有时代价值的道德精神发掘出来，结合现代生活赋予其新的时代内涵。要用中华传统美德滋养社会主义道德建设。要结合时代要求，按照"三个有利于"标准，充分彰显中华传统美德的时代价值和永恒魅力，使之与现代文化、现实生活相融相通，成为全体人民精神生活、道德实践的鲜明标识。

同时，中国革命道德作为中国优良传统道德的延续和发展，要同弘扬和传承中华传统美德相结合。要立足于面向大众、服务人民，发挥中华传统美德和中国革命道德人伦日用的化育功能，使传统美德和革命道德与日常生活水乳交融，让传统美德和革命道德中蕴含的伦理精神点点滴滴地融入人们的生活，生根发酵，产生化育的功能，不断丰富人们的精神世界，增强人们的精神力量。

最后，弘扬和传承中华传统美德和中国革命道德要充分借鉴和吸收人类文明优秀道德成果，但必须秉承正确的态度和科学的方法。要坚持马克思主义立场、观点、方法，在道德问题上把握好共性和个性、抽象和具体、一般和个别的关系。要坚持以我为主、为我所用，批判继承其他国家的道德成果。要掌握好鉴别取舍的标准，善于在吸收中消化，把人类文明优秀道德成果变成自己道德文明体系的组成部分。

4. 社会公德、职业道德、家庭美德、个人品德是新时代公民道德建设的着力点。结合自身实际，谈谈如何理解社会公德、职业道德、家庭美德、个人品德的基本要求。

【答】社会主义道德以为人民服务为核心，以集体主义为原则，以爱祖国、爱人民、爱劳动、爱科学、爱社会主义为基本要求，以社会公德、职业道德、家庭美德、个人品德为着力点。社会公德、职业道德、家庭美德、个人品德这四个道德是一个有机的统一体，其外延由大到小，内涵由浅到深，共同构成一个完善的道德体系。具体而言，社会公德、职业道德、家庭美德、个人品德的具体内涵如下：

（1）社会公德。

主要包括文明礼貌、助人为乐、爱护公物、保护环境、遵纪守法等。公德是指与国家、组织、集体、民族、社会等有关的道德。社会公德是社会道德体系的社会层面，是维护社会公共生活正常进行的最基本的道德要求。遵守社会公德，是对社会生活中每个人的最基本的道德要求。

（2）职业道德。

主要包括诚实守信、爱岗敬业、办事公道、热心服务、奉献社会等。职业道德是指人们在职业生活中应遵循的基本道德，是职业品德、职业纪律、专业胜任能力及职业责任等的总称，它通过公约、守则等对职业生活中的某些方面加以规范。职业道德既是本行业人员在职业活动中的行为规范，又是行业对社会所负的道德责任和义务。

（3）家庭美德。

主要包括尊老爱幼、男女平等、夫妻和睦、勤俭持家、邻里团结。家庭美德属于家庭道德范畴，是指每个公民在家庭生活中应该遵循的基本行为准则。家庭美德的规范是调节家庭成员之间，邻里之间，家庭与国家、社会、集体之间的行为准则，也是评价人们在恋爱、婚姻、家庭、邻里之间交往中的行为是非、善恶的标准。

（4）个人品德。

个人品德是一定社会的道德原则和规范在个人思想和行为中的体现，是一个人在其道德行为整体中所表现出来的比较稳定的、一贯的道德特点和倾向。个人品德由道德认识、道德情感、道德意志和道德行为等因素所构成，主要包括爱国奉献、明礼守法、厚德仁爱、正直善良、勤劳勇敢等。

第六章 学习法治思想 提升法治素养

知识框架

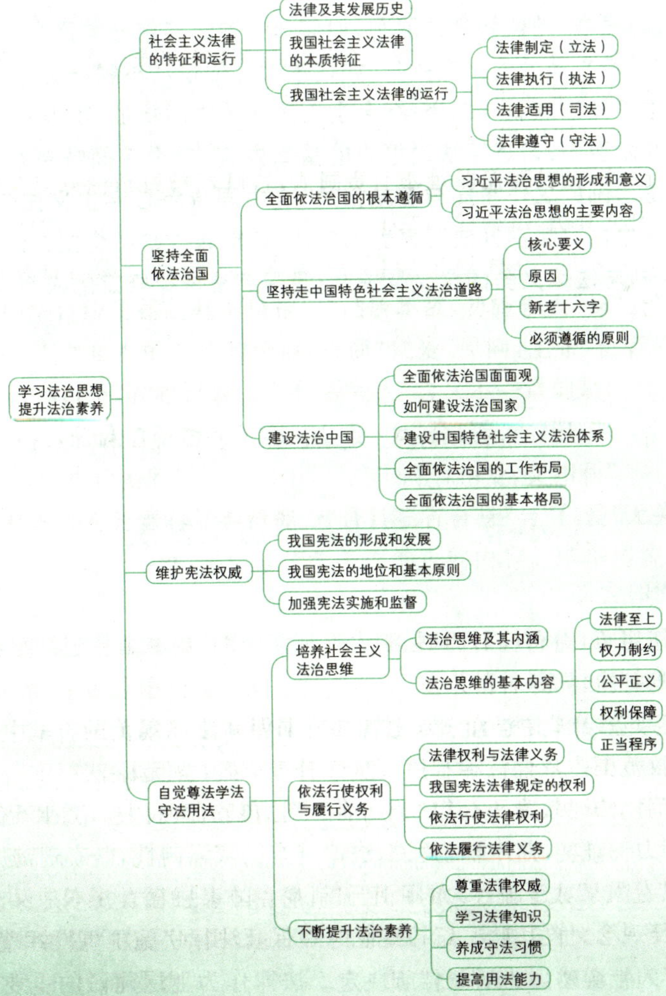

内容导学

本章共四节，属于重点章，主要阐述法治部分的内容。第一节"社会主义法律的特征和运行"，主要阐述法律及其发展历史，我国社会主义法律的本质特征和运行；第二节"坚持全面依法治国"，主要阐述全面依法治国的根本遵循、坚持走中国特色社会主义法治道路的意义，如何建设法治国家；第三节"维护宪法权威"，主要阐述我国宪法的形成和发展、地位和基本原则，加强宪法实施与监督的意义与方法；第四节"自觉尊法学法守法用法"，主要阐述法治思维及其内涵、基本内容，法律权利与法律义务的含义及其关系，以及如何依法行使权利与履行义务，提升法治素养的方法。大家复习时，可以尝试去找到以下几个问题的答案，并着重把握。

(1)法律的定义及其历史发展。

(2)社会主义法律特征与运行。

(3)全面依法治国的根本遵循。

(4)走中国特色社会主义法治道路的五个坚持。

(5)建设法治国家的方法。

(6)法治思维的含义特征、基本内容，提升法治素养的方法。

(7)宪法的形成与发展、地位和基本原则，如何加强宪法实施与监督。

(8)法律权利与法律义务的含义及关系，如何依法行使权利与履行义务。

本章要把握的主要知识点有十二个：社会主义法律的本质特征；我国社会主义法律的运行；我国宪法的地位和基本原则；习近平法治思想的基本内容；建设中国特色社会主义法治体系的意义、内容；全面依法治国的工作布局与基本格局；走中国特色社会主义法治道路的内容；法治思维的含义、特征、基本内容和提升法治素养的方法；尊重和维护社会主义法律权威的重要意义和基本要求；法律权利与法律义务的含义及关系；我国宪法法律规定的权利与义务；依法行使权利与履行义务。

第一节　社会主义法律的特征和运行

小节 1　法律及其历史发展

要点 1　法律的含义

法律是由国家制定或认可并以国家强制力保证实施的，反映由特定社会物质生活条件所决定的统治阶级意志的规范体系。

(1)**法律是由国家创制和实施的行为规范。**国家创制法律规范的方式主要有两种：一是国家机关在法定的职权范围内依照法律程序，制定、修改、废止规范性法律文件；二是国家机关赋予某些既存社会规范以法律效力，或者赋予先前的判例以法律效力。法律不但由国家制定和认可，而且由国家强制力保证实施。也就是说，法律具有国家强制性，既表现为国家对合法行为的肯定和保护，也表现为国家对违法行为的否定和制裁。国家强制力并不是保证法律实施的唯一力量，法律意识、道德观念、价值观念、纪律观念等在保证法律实施中也发挥着重要作用。

(2)**法律由一定的社会物质生活条件所决定。**法律作为上层建筑的重要组成部分，不是凭空出现的，而是产生于特定社会物质生活条件基础之上。其中，物质资料的生产方式既是决定

社会面貌、性质和发展的根本因素，也是决定法律本质、内容和发展方向的根本因素。物质资料的生产方式对法律产生决定性影响。在阶级社会中，有什么样的生产关系，就有什么性质和内容的法律。同时，生产力的发展水平也制约着法律的发展程度。

(3)**法律是统治阶级意志的体现。**法律所体现的统治阶级意志具有整体性，不是统治阶级内部个别人的意志，也不是统治者个人意志的简单相加。统治阶级不仅迫使被统治阶级服从和遵守法律，而且要求统治阶级的成员也遵守法律。法律所体现的统治阶级意志，并不是统治阶级意志的全部，仅仅是上升为国家意志的那部分意志。除了法律，统治阶级的意志还体现在国家政策、统治阶级的道德、最高统治者的言论等形式中。

小试牛刀1

1 下列关于法律说法不正确的是(　　)。

A. 法律是由国家创制和实施的行为规范　　B. 法律是统治阶级意志的体现

C. 法律由一定的社会物质生活条件所决定　　D. 法律与人类社会同时产生

【解】D。本题考查法律的含义。前三个选项都符合教材论述，D 选项显然是错误的，法律的产生要滞后于人类社会的形成。

2 决定一定社会中法律本质、内容和发展方向的最根本因素是统治阶级意志。　(　　)

A. 正确　　B. 错误

【解】B。本题考查法律的含义。物质资料的生产方式才是决定法律本质、内容和发展方向的根本因素。

3 法律作为上层建筑的重要组成部分，不是凭空出现的，而是产生于特定社会物质生活条件基础之上。　(　　)

A. 正确　　B. 错误

【解】A。本题考查法律的含义。论述正确。

4 法律是统治阶级意志的体现，这里所说的统治阶级意志的体现是指(　　)。

A. 统治者个人意志的简单相加　　B. 统治阶级的整体意志

C. 统治阶级意志的全部　　D. 仅仅是上升为国家意志的那部分意志

【解】BD。本题考查法律的含义。法律所体现的统治阶级意志具有整体性，不是统治阶级内部个别人的意志，也不是统治者个人意志的简单相加，也不是统治阶级意志的全部，仅仅是上升为国家意志的那部分意志。因此，只有 BD 两个选项正确。

要点 2 ▶ 法律的历史发展

法律不是从来就有的，也不是永恒存在的。它随着私有制、阶级和国家的产生而产生，也将随着私有制、阶级和国家的消亡而消亡。它是统治阶级共同意志的体现，是统治其他阶级的工具，其根本任务是维护统治阶级的政治、经济和社会秩序。

(1)法律的四种历史演进与发展。按照经济基础决定上层建筑的历史唯物主义原理，法律制度的基本内容和性质总是与其所在社会的生产关系相适应，因此，除原始社会没有法律外，法律发展史上也相应地先后产生过奴隶制法律、封建制法律、资本主义法律和社会主义法律。

(2)奴隶制法律的主要特征有：一是具有明显的原始习惯残留痕迹；二是否认奴隶的法律人格；三是存在严格的等级划分；四是刑罚方式极其残酷。

(3)封建制法律的基本特征有:一是确立农民对封建地主的人身依附关系;二是实行封建等级制度;三是维护专制皇权;四是刑罚严酷。

(4)资本主义法律的基本特征主要体现为四个原则:一是与资本主义私有制相适应的私有财产神圣不可侵犯原则;二是与资本主义市场经济相适应的契约自由原则;三是与资本主义民主政治相适应的法律面前人人平等原则;四是与资产阶级人道主义相适应的人权保障原则。

(5)社会主义法律是人类历史上唯一以公有制为基础的新型法律,有着与以往剥削阶级类型法律制度不同的经济基础与阶级本质。社会主义法律是最广大人民群众意志的集中体现,是实现人民当家作主、实行人民民主专政的重要保证。

小试牛刀 2

5 法律不是从来就有的,是随着社会制度、国家和阶级的出现而逐步产生的。 ( )

A. 正确 B. 错误

【解】B。本题考查法律的历史发展。论述中的社会制度应改为私有制,社会制度中私有制才是催生法律的关键。

小节 2 我国社会主义法律的本质特征

要点 ▶ 我国社会主义法律的本质特征

从本质上说,我国社会主义法律是中国特色社会主义制度的重要组成部分,是党领导人民当家作主的制度保障。

(1)我国社会主义法律体现了党的主张和人民意志的统一(从法律体现的意志看)。我国社会主义法律既具有鲜明的阶级性,又具有广泛的人民性,体现了阶级性与人民性的统一。党领导人民制定宪法法律,党领导人民实施宪法法律,党自身必须在宪法法律范围内活动,这就是党的领导力量的体现,也是我国社会主义法律最本质特征的具体表现。

(2)我国社会主义法律具有科学性和先进性(从法律的实质内容看)。从本质上说,我国社会主义法律更能尊重和反映社会发展规律,具有科学性和先进性。

(3)我国社会主义法律是中国特色社会主义建设的重要保障(从法律的社会作用看)。

小试牛刀 3

6 在法律发展史上,社会主义法律是新型的法律制度,有着与以往剥削阶级类型法律制度不同的经济基础与阶级本质。关于我国社会主义法律的优点,下列说法不正确的是( )。

A. 我国社会主义法律体现了党的主张和人民意志的统一

B. 我国社会主义法律具有科学性和先进性

C. 我国社会主义法律是中国特色社会主义建设的重要保障

D. 我国社会主义法律具有比发达国家法律体系更高的成熟性

【解】D。本题考查社会主义法律的本质特征。前三个选项与教材相符,选项 D 不正确,我国社会主义法律起步较晚,未必比发达国家法律体系成熟。

7 社会主义法律维护人民的根本利益,巩固中国共产党的领导地位,体现了党的主张和人民意志的统一。 ( )

A. 正确 B. 错误

【解】A。本题考查社会主义法律的本质特征。论述正确。

8　我国社会主义法律更能尊重和反映社会发展规律，具有科学性和先进性。（　　）

A. 正确　　　　B. 错误

【解】A。本题考查社会主义法律的本质特征。论述正确。

小节 3　我国社会主义法律的运行

要点 ▶ 我国社会主义法律的运行

法律的运行是一个从创制、实施到实现的过程。这个过程主要包括法律制定（立法）、法律执行（执法）、法律适用（司法）、法律遵守（守法）等环节。法律制定是国家对权利和义务，即社会利益和负担进行的权威性分配；法律的执行、适用、遵守则是把法律规范转化为法律实践，把法定的权利和义务转化为现实的权利和义务。

（1）法律制定（法律运行的起始性和关键性环节）：

① 含义：法律制定是指有立法权的国家机关依照法定职权和程序制定规范性法律文件的活动，是法律运行的起始性和关键性环节。

② 制定机构：根据宪法规定，全国人民代表大会及其常务委员会行使国家立法权，负责宪法和法律的制定、修改、废止和解释工作。国务院有权根据宪法和法律制定行政法规。国务院各部门可以根据宪法、法律和行政法规，在本部门的权限范围内，制定部门规章。各级地方人大及其常委会、政府可在职权范围内依宪依法设立地方性法规或规章。

③ 原则：我国立法贯穿公正、公平、公开原则，坚持科学立法、民主立法、依法立法，表达人民的共同意志和诉求。

④ 立法活动必须遵循法定程序。就全国人民代表大会的立法程序而言，大体包括以下四个环节：法律案的提出、法律案的审议、法律案的表决和法律的公布。

（2）法律执行（即行政执法，是法律实施和实现的重要环节）：

① 含义：在狭义上，法律执行是指国家行政机关执行法律的活动，也被称为行政执法，是法律实施和实现的重要环节。我国大部分的法律法规都是由行政机关执行的，行政执法是最大量、最经常的工作。

② 基本原则：行政执法必须坚持合法性、合理性、信赖保护、效率等基本原则。

③ 主体：一是中央和地方各级政府（包括国务院和地方各级人民政府），二是各级政府中享有执法权的下属行政机构。此外，法律授权的社会组织、行政机关依法授权的社会组织可以在一定范围内执行法律并承担相应的法律责任（不只政府及其下属机构才能执法）。

（3）法律适用（司法）：

① 含义：法律适用是指国家司法机关及其公职人员依照法定职权和程序适用法律处理案件的专门活动。

② 司法机关：在我国是指国家审判机关和检察机关。人民法院代表国家行使审判权，人民检察院代表国家行使法律监督权。其他任何国家机关、社会组织和个人，不得行使国家司法权。

司法机关的职责：人民法院和人民检察院根据法律法规公正司法，保护自然人、法人和其他组织的合法权利，解决法律纠纷，惩治违法犯罪行为，维护法律秩序。

③ 基本要求：正确、合法、合理、及时。

④ 原则：司法公正；公民在法律面前一律平等；以事实为依据，以法律为准绳；司法机关依

法独立公正行使司法权等。

(4)法律遵守(依法办事即守法):

① 含义:法律遵守是指国家机关、社会组织和公民个人依照法律规定行使权力和权利以及履行职责和义务的活动。人们通常把守法仅仅理解为履行法律义务。其实,守法意味着一切组织和个人严格依法办事的活动和状态。在法律运行过程中,守法是法律实施和实现的基本途径。

② 依法办事的两层含义:一是依法享有并行使权利;二是依法承担并履行义务。

③ 主体:在社会主义国家,一切组织和个人都是守法的主体。

小试牛刀 4

9 我国正在全面推行"双随机、一公开"监管,就是在对企业进行监管检查时,随机抽取检查对象、随机选派执法检查人员,抽查情况及查处结果及时向社会公开。我国大部分的法律法规都是由行政机关执行的,行政执法是最大量、最经常的工作。行政执法是法律实施和实现的重要环节,下列不属于行政执法必须坚持的基本原则的是(　　)。

A. 合法性　　B. 合理性　　C. 规范性　　D. 效率

【解】C。本题考查行政执法的基本原则。行政执法必须坚持合法性、合理性、信赖保护、效率等基本原则。C选项不在此列。

10 法律运行的主要环节不包括(　　)。

A. 立法　　B. 用法　　C. 执法　　D. 司法

【解】B。法律的运行过程主要包括法律制定(立法)、法律执行(执法)、法律适用(司法)、法律遵守(守法)等环节。B选项不在此列。

11 国家机关的立法活动必须遵循法定程序。就全国人民代表大会的立法程序而言,下列不在其环节内的是(　　)。

A. 法律案的提出　　B. 法律案的审议

C. 法律案的表决　　D. 法律案的公布

【解】D。本题考查立法程序。就全国人民代表大会的立法程序而言,立法活动大体包括以下四个环节:法律案的提出、法律案的审议、法律案的表决和法律的公布。D选项法律案应为法律。

12 人民政协是社会主义国家的法律监督机关。(　　)

A. 正确　　B. 错误

【解】B。本题考查司法机关。人民检察院代表国家行使法律监督权,是法律监督机关。其他任何国家机关、社会组织和个人,不得行使国家司法权(审判和监督)。

13 守法意味着一切组织和个人严格履行法律义务。(　　)

A. 正确　　B. 错误

【解】B。本题考查守法的含义。人们通常把守法仅仅理解为履行法律义务,但守法有依法行使权力和依法履行义务两个方面。在我国,守法意味着一切组织和个人严格依法办事的活动和状态。

14 国务院有权根据宪法和法律制定宪法和行政法规。(　　)

A. 正确　　B. 错误

【解】B。本题考查立法机关。根据宪法规定，全国人民代表大会及其常务委员会行使国家立法权，负责宪法和法律的制定、修改、废止和解释工作。国务院有权根据宪法和法律制定行政法规，无权制定宪法。

15 司法的基本要求是正确、合法、有效、及时。（　　）

A. 正确　　B. 错误

【解】B。本题考查司法的基本要求。司法的基本要求是正确、合法、合理、及时，有效不在此列，故错误。

16 我国的司法机关是指（　　）。

A. 国家检察机关　　B. 国家审判机关　　C. 海关　　D. 公安机关

【解】AB。本题考查司法机关。在我国司法机关是指国家审判机关（人民法院）和检察机关（人民检察院）。

17 守法意味着一切组织和个人严格依法办事的活动和状态。依法办事的含义是（　　）。

A. 依法享有并行使权利　　B. 依法承担并履行义务

C. 守法只是履行义务　　D. 守法只是行使权利

【解】AB。本题考查守法的含义。人们通常把守法仅仅理解为履行法律义务，但守法有依法行使权力和依法履行义务两个方面。

第二节　坚持全面依法治国

小节1　全面依法治国的根本遵循

要点1 ▶ 习近平法治思想的形成和意义

（1）**形成：**

党的十八大以来，习近平立足新时代中国特色社会主义伟大实践，创造性提出一系列全面依法治国的新理念、新思想、新战略，形成习近平法治思想。它与中国前四代领导人为代表的法治理论一道，是马克思主义法治理论与中国实际相结合的产物。

习近平法治思想，坚持马克思主义的立场、观点、方法，全面系统地创新发展了中国特色社会主义法治理论，为马克思主义法治理论发展作出了独创性、原创性、集成性贡献，实现了马克思主义法治理论的新飞跃，是习近平新时代中国特色社会主义思想的"法治篇"。

2020年11月，中央全面依法治国工作会议正式提出习近平法治思想，并将其确立为全面依法治国的指导思想和根本遵循。

（2）**重要意义：**

习近平法治思想是经过长期发展而形成的内涵丰富、论述深刻、逻辑严密、系统完备的法治理论体系，为建设法治中国指明了前进方向，在中国特色社会主义法治建设进程中具有重大政治意义、理论意义、实践意义。它从历史和现实相贯通、国际和国内相关联、理论和实际相结合上深刻回答了新时代为什么实行全面依法治国、怎样实行全面依法治国等一系列重大问题，是顺应实现中华民族伟大复兴时代要求应运而生的重大理论创新成果，是马克思主义法治理论中国化最新成果，是习近平新时代中国特色社会主义思想的重要组成部分。

习近平法治思想深刻揭示了社会主义法治的生命力和优越性，推动了中国特色社会主义法治理论创新发展。这一思想擘画了新时代全面依法治国的宏伟蓝图，增强了全党全国各族人民走中国特色社会主义法治道路的信心，增强了新时代全面依法治国的政治定力、前进动力，引领中国迈向良法善治新境界。

要点 2 ▶ 习近平法治思想的主要内容

(1)主要内容：

2020 年 11 月，习近平在中央全面依法治国工作会议上的重要讲话中，用“十一个坚持”对全面依法治国进行了系统阐释、部署。这“十一个坚持”涉及的都是全面依法治国方向性、根本性、全局性的重大问题，从全面依法治国的政治方向、战略地位、工作布局、主要任务、重大关系、重要保障等方面提出了一系列新理念、新观点、新论断，构成了习近平法治思想的主要内容。

① 坚持党对全面依法治国的领导；② 坚持以人民为中心；③ 坚持中国特色社会主义法治道路；④ 坚持依宪治国、依宪执政；⑤ 坚持在法治轨道上推进国家治理体系和治理能力现代化；⑥ 坚持建设中国特色社会主义法治体系；⑦ 坚持依法治国、依法执政、依法行政共同推进，法治国家、法治政府、法治社会一体建设；⑧ 坚持全面推进科学立法、严格执法、公正司法、全民守法；⑨ 坚持统筹推进国内法治和涉外法治；⑩ 坚持建设德才兼备的高素质法治工作队伍；⑪ 坚持抓住领导干部这个“关键少数”。

(2)主要内容的意义与作用：

① 关于**政治方向**，这一思想深刻回答全面依法治国**由谁领导、依靠谁、走什么道路**等大是大非问题，指明了中国特色社会主义法治的前进方向；② 关于**战略地位**，这一思想深刻回答为什么要全面依法治国的问题，深刻揭示**全面依法治国是新时代坚持和发展中国特色社会主义的基本方略，是党领导人民治理国家的基本方式**；③ 关于工作布局，这一思想深刻回答全面依法治国如何谋篇布局的问题，明确全面依法治国的总目标、总抓手和基本思路；④ 关于主要任务，回答了全面依法治国如何突破的问题，指明中国特色社会主义法治的战略安排；⑤ 关于**重大关系**，这一思想深刻回答如何正确处理**政治与法治、改革与法治、德治与法治**等重大问题，揭示中国建设的认识论和方法论；⑥ 关于重要保障，这一思想深刻回答全面依法治国需要什么保障的问题，指明全面依法治国的人才支撑和“关键少数”。

小节 2　坚持走中国特色社会主义法治道路

要点 1 ▶ 中国特色社会主义法治道路的核心要义

中国特色社会主义法治道路，明确了建设社会主义法治国家的性质和方向，是社会主义法治建设成就和经验的集中体现，是中国特色社会主义道路在法治领域的具体体现，是建设社会主义法治国家的唯一正确道路。中国特色社会主义法治道路的核心要义，就是要坚持党的领导，坚持中国特色社会主义制度，贯彻中国特色社会主义法治理论，这体现了我国的社会主义性质，具有鲜明的中国特色、实践特色、时代特色。

小试牛刀 1

1 有关中国特色社会主义法治道路，说法错误的是(　　)。

A. 是社会主义法治建设成就和经验的集中体现

B. 是我国社会主义法治建设的一条基本经验

C. 是建设社会主义法治国家的正确道路

D. 明确了建设社会主义法治国家的性质和方向

【解】B。本题考查中国特色社会主义法治道路的内涵与意义。ACD都是中国特色社会主义法治道路的内涵与意义，只有B不正确，法治道路不是法治建设的经验，而是法治建设的体现和方向。

要点2 ▶ 为什么要走中国特色社会主义法治道路

(1)走中国特色社会主义法治道路，是历史的必然结论。

(2)走中国特色社会主义法治道路，是由我国社会主义国家性质所决定的。

(3)走中国特色社会主义法治道路，是立足我国基本国情的必然选择。

要点3 ▶ 老十六字法制建设方针和新十六字依法治国基本格局

(1)内容：

老十六字法制建设方针：有法可依、有法必依、执法必严、违法必究。

新十六字依法治国基本格局：科学立法、严格执法、公正司法、全民守法。

(2)新十六字依法治国基本格局的优越性：

① 科学立法的目的是通过立法筑牢制度和权力笼子，不是仅仅有法可依，而是更加注重立法的质量，确保人民通过法律将国家权力固定下来，把国家权力关进笼子里。

② 严格执法既突出了有法必依所体现的执法遵循，又强化了对法的实施。

③ 公正司法不仅体现了执法必严，也强调了执法的公正性，更能体现执法为民与秉公执法这一法治精神的统一，满足法治服务于公正的价值要义。

④ 全民守法体现的不只是违法必究所体现的法律面前的人人平等，还明确了全民是守法的主体。

要点4 ▶ 坚持中国特色社会主义法治道路必须遵循的原则

(1)坚持中国共产党的领导。

① 意义：党的领导是社会主义法治最根本的保证，是社会主义法治的根本要求。把党的领导贯彻到依法治国全过程和各方面，是我国社会主义法治建设的一条基本经验。我国是人民民主专政的社会主义国家，党的领导是中国特色社会主义法治之魂，是我国的法治同西方资本主义国家的法治最大的区别。

② 要求：坚持党的领导，必须具体体现在党领导立法、保证执法、支持司法、带头守法上。

(2)坚持人民主体地位。

① 意义：在社会主义法治国家，人民是依法治国的主体和力量源泉，坚持人民主体地位是依法治国的基本原则。全面依法治国最广泛、最深厚的基础是人民，推进全面依法治国，根本目的是依法保障人民权益(实现人民幸福，尊重和保障人权)。

② 要求：必须把人民当家作主贯彻到依法治国的全过程之中，保证人民的广泛参与；必须坚持法治建设为了人民、依靠人民、造福人民、保护人民。

(3)坚持法律面前人人平等。

① 意义：平等是社会主义法律的基本属性，是社会主义法治的基本要求。坚持法律面前人人平等，对于坚持走中国特色社会主义法治道路具有十分重要的意义。第一，它可以充分显示中国特色社会主义制度的优越性，使人民在依法治国中的主体地位得到尊重和保障，从而有利

于增强人民群众的主人翁意识和责任感。第二,它鲜明地反对法外特权、法外开恩,对掌握公权力的人形成制约,从而有利于预防特权思想和各种潜规则的侵蚀。第三,它鲜明地反对法律适用上的各种歧视,有利于贯彻执行“以事实为依据、以法律为准绳”的司法原则。第四,它要求人人都严格依法办事,既充分享有法律规定的各项权利,又切实履行法律规定的各项义务,有利于维护法律权威、健全社会主义法治,确保实现全面依法治国的总目标。

② **要求**:坚持法律面前人人平等,一方面要求违法必究,一切违反宪法法律的行为都必须予以追究;另一方面要求非歧视,即无差别对待。

(4)坚持依法治国和以德治国相结合。

① **意义**:中国特色社会主义法治道路的一个鲜明特点,就是坚持依法治国和以德治国相结合,强调法治和德治两手抓、两手都要硬。

② 德治与法治的区别与联系:法律规范和道德规范都具有必须遵守的性质,但约束作用的内在要求和表现形式不同,法治和德治的实现方式和实施载体不同。社会主义法律和社会主义道德在性质、作用和目标上的一致性,决定了建设中国特色社会主义法治国家,必须一手抓法治、一手抓德治,坚持依法治国和以德治国相结合。法治是治国理政的基本方式,依法治国是基本方略,法治具有根本性、决定性和统一性,德治是治国理政的重要方式。

③ **要求**:坚持依法治国和以德治国相结合,既要强化道德对法治的支撑作用,重视发挥道德的教化作用,提高全社会文明程度,为全面依法治国创造良好环境,又要把道德要求贯彻到法治建设中,以法治承载道德理念。

(5)坚持从中国实际出发。要突出法治道路的中国特色、实践特色、时代特色。必须学习借鉴世界上优秀的法治文明成果。

小试牛刀 2

2 党的十八届四中全会提出全面依法治国必须坚持走中国特色社会主义法治道路,进一步明确了建设社会主义法治国家的性质和方向。社会主义法治最根本的保证是(　　)。

A. 党的领导　　B. 中国特色社会主义制度

C. 中国特色社会主义法治理论　　D. 依法治国和以德治国相结合

【解】A。本题考查坚持中国特色社会主义法治道路必须遵循的原则。社会主义法治最根本的保证是党的领导。

3 党的十八届四中全会提出全面依法治国。全面依法治国的根本目的是(　　)。

A. 推动经济社会发展　　B. 保障人民权益

C. 加强党的领导　　D. 建设法治国家

【解】B。本题考查坚持中国特色社会主义法治道路必须遵循的原则。全面依法治国的根本目的是保障人民权益。

4 社会主义法律的基本属性是(　　)。

A. 公正　　B. 平等　　C. 自由　　D. 尊重和保障人权

【解】B。本题考查坚持中国特色社会主义法治道路必须遵循的原则。平等是社会主义法律的基本属性。

5 建设中国特色社会主义法治国家,必须一手抓法治、一手抓德治,坚持依法治国和以德治国相结合。这是(　　)。

A. 由法治和德治的实现方式的一致性决定的

B. 由法治和德治的实施载体的一致性决定的

C. 由法律规范和道德规范约束作用的内在要求和表现形式的一致性决定的

D. 由社会主义法律和社会主义道德在性质、作用和目标上的一致性决定的

【解】D。本题考查坚持中国特色社会主义法治道路必须遵循的原则。法治和德治的实现方式和实施载体不同，故 AB 错误；法律规范和道德规范都具有必须遵守的性质，但约束作用的内在要求和表现形式不同，故 C 错误。

6 坚持依法治国和以德治国相结合，必须正确认识法治和德治的地位、作用和实现途径。以下内容不正确的是(　　)。

A. 德治是治国理政的基本方式

B. 法治和德治对社会成员具有约束作用的内在要求和表现形式不同

C. 法治主要依靠制定和实施法律规范的形式来推进和实施

D. 德治主要依靠培育和弘扬道德等途径来推进和实施

【解】A。本题考查坚持中国特色社会主义法治道路必须遵循的原则。法治是治国理政的基本方式，德治是治国理政的重要方式，故 A 错误；后三个选项论述正确。

7 法律是基石，任何时候都必须遵循；道德是准绳，任何时候都不可忽视。(　　)

A. 正确　　B. 错误

【解】B。本题考查坚持中国特色社会主义法治道路必须遵循的原则。道德是基石，任何时候都不可忽视；法律是准绳，任何时候都必须遵循。道德是基础，可以比喻为基石，不可忽视；法律具有强制性，可以比喻成准绳，必须遵循。

8 法治是治国理政的基本方式，依法治国是基本方略，德治是治国理政的一个次要参考。(　　)

A. 正确　　B. 错误

【解】B。本题考查坚持中国特色社会主义法治道路必须遵循的原则。德治是治国理政的重要方式，不能作为次要参考。法治和德治要两手抓、两手都要硬。

9 党的领导是(　　)。

A. 中国特色社会主义最本质的特征　　B. 全面依法治国的根本制度保障

C. 社会主义法治最根本的保证　　D. 全面依法治国的行动指南

【解】AC。本题考查坚持中国特色社会主义法治道路必须遵循的原则。党的领导是中国特色社会主义最本质的特征，是社会主义法治最根本的保证，故 AC 正确；中国特色社会主义制度是中国特色社会主义法治体系的根本制度基础，是全面推进依法治国的根本制度保障，故 B 错误；习近平法治思想是全面依法治国的行动指南，故 D 错误。

10 走中国特色社会主义法治道路，必须坚持法律面前人人平等。坚持法律面前人人平等有利于(　　)。

A. 增强人民群众的主人翁意识和责任感

B. 预防特权思想和各种潜规则的侵蚀

C. 贯彻执行“以事实为依据、以法律为准绳”的司法原则

D. 维护法律权威、健全社会主义法治，确保实现全面依法治国的总目标

【解】ABCD。本题考查坚持中国特色社会主义法治道路必须遵循的原则。ABCD 四个选项都是坚持法律面前人人平等的意义。

小节3　建设法治中国

要点1　全面依法治国面面观

(1)政治方向:归结起来就是由谁领导、为了谁和依靠谁、走什么路,即坚持党对全面依法治国的领导,坚持以人民为中心,坚持中国特色社会主义法治道路。

(2)战略地位:全面依法治国是新时代坚持和发展中国特色社会主义的基本方略,是党领导人民治理国家的基本方式。

(3)工作布局:一是坚持依法治国、依法执政、依法行政共同推进。二是坚持法治国家、法治政府、法治社会一体建设。

(4)基本格局:科学立法、严格执法、公正司法、全民守法。

(5)四对重大关系:政治与法治、改革与法治、依法治国和以德治国、依法治国和依规治党。

(6)主要任务:要求以宪法为核心,完善中国特色社会主义法律体系,深入推进依法行政,提高司法公信力,推进法治社会建设,加强法治工作队伍建设,加强和改进党对全面推进依法治国的领导。

重要任务和主体工程:法治政府建设。

基础工程:法治社会建设。

(7)总目标:建设中国特色社会主义法治体系,建设社会主义法治国家。

总抓手:建设中国特色社会主义法治体系。

宏伟目标:建设法治国家。

根本目的:保障人民权益。

(8)根本制度保障:中国特色社会主义制度。

要点2　如何全面依法治国(如何建设法治国家)

全面依法治国是一个系统工程,要整体谋划,更加注重系统性、整体性、协同性。全面依法治国的宏伟目标是建设法治中国,要以建设中国特色社会主义法治体系为总抓手,坚持依法治国、依法执政、依法行政共同推进,法治国家、法治政府、法治社会一体建设。坚持全面推进科学立法、严格执法、公正司法、全民守法。

要点3　建设中国特色社会主义法治体系

全面依法治国涉及很多方面,必须有一个总揽全局、牵引各方的总抓手,这个总抓手就是建设中国特色社会主义法治体系,它是中国特色社会主义的本质要求和重要保障,是推进国家治理体系和治理能力现代化的重要举措。建设中国特色社会主义法治体系,就是要形成完备的法律规范体系、高效的法治实施体系、严密的法治监督体系、有力的法治保障体系,形成完善的党内法规体系。

(1)完备的法律规范体系,是中国特色社会主义法治体系的前提,是法治国家、法治政府、法治社会的制度基础。法律规范体系,是以宪法为核心,由部门齐全、结构严谨、内部协调、体例科学、调整有效的法律及其配套法规所构成的法律规范系统。坚持上下有序、内外协调、科学规范、运行有效的原则。

(2)建设高效的法治实施体系,是建设中国特色社会主义法治体系的重点。高效的法治实施体系,是指执法、司法、守法等各个环节有效衔接、协调高效运转、持续共同发力,织密法治之

网，强化法治之力，实现效果最大化的法治实施系统。

(3)**严密的法治监督体系**是指以规范和约束公权力为重点建立的有效的法治化权力监督网络。它以有权必有责、用权受监督、违法必追究，坚决纠正有法不依、执法不严、违法不究行为等为主要任务。

(4)**有力的法治保障体系**，是全面依法治国的重要依托，是指在法律制定、实施和监督过程中形成的结构完整、机制健全、资源充分、富有成效的保障系统，包括政治和组织保障、人才和物质条件保障、法治文化保障等。

(5)建设**完善的党内法规体系**，是中国特色社会主义法治体系的本质要求和重要内容。完善的党内法规体系，是指内容科学、程序严密、配套完备、运行有效的党内制度及其运行、保障体系。

小试牛刀3

11 党的十八届四中全会提出和确立了建设中国特色社会主义法治体系、建设社会主义法治国家总目标，开启了建设社会主义法治国家的新征程。建设中国特色社会主义法治体系具有重要意义。建设中国特色社会主义法治体系是(　　)。

A. 中国特色社会主义的本质要求

B. 推进国家治理体系和治理能力现代化的重要举措

C. 全面依法治国的总抓手

D. 中国特色社会主义的重要保障

【解】ABCD。本题考查建设中国特色社会主义法治体系的内涵与意义。四个选项都是建设中国特色社会主义法治体系的内涵与意义。

要点4 ▶ 全面依法治国的工作布局

全面依法治国的工作布局是坚持依法治国、依法执政、依法行政共同推进，坚持法治国家、法治政府、法治社会一体建设。

(1)依法治国、依法执政、依法行政是一个有机整体，关键在于党要坚持依法执政、各级政府要坚持依法行政。

(2)法治国家、法治政府、法治社会相辅相成，法治国家是法治建设的目标，法治政府是建设法治国家的重点，法治社会是构筑法治国家的基础。

① 推进全面依法治国、法治政府建设是重点任务和主体工程，对法治国家、法治社会建设具有示范带动作用。

② 推进全面依法治国，法治社会建设是基础工程。建设**信仰法治、公平正义、保障权利、守法诚信、充满活力、和谐有序的社会主义法治社会**，是增强人民群众获得感、幸福感、安全感的重要举措。

要点5 ▶ 全面依法治国的基本格局

党的十八大提出了“**科学立法、严格执法、公正司法、全民守法**”的十六字方针。党的十八届四中全会决定将其作为全面依法治国的基本格局，并作出了更加明确具体的部署。

(1)科学立法：

① 重要性：**法律是治国之重器，立法是法治的龙头环节。**

② 目标：完善以宪法为核心的中国特色社会主义法律体系，加强宪法实施。

(2)严格执法：

① 重要性：法律的生命力在于实施，法律的权威也在于实施。

② 目标：深入推进依法行政，加快建设法治政府。

(3)公正司法：

① 重要性：公正是法治的生命线，是司法活动最高的价值追求。公正司法是维护社会公平正义的最后一道防线。

② 目标：要保证公正司法，提高司法公信力，努力让人民群众在每一个司法案件中都能感受到公平正义。

(4)全民守法：

① 重要性：法律的权威源自人民的内心拥护和真诚信仰，全民守法是法治社会的基础工程。

② 目标：增强全民法治观念，推进法治社会建设。

小试牛刀 4

12 党的十八大提出了“科学立法、严格执法、公正司法、全民守法”的十六字方针。党的十八届四中全会决定将其作为全面依法治国的基本格局，并作出了更加明确具体的部署。法治的龙头环节是(　　)。

A. 立法　　B. 执法

C. 司法　　D. 守法

【解】A。本题考查全面依法治国的基本格局。立法是法治的龙头环节。

13 “科学立法、严格执法、公正司法、全民守法”是全面依法治国的基本格局。其中，加快建设法治政府属于(　　)。

A. 科学立法的目标　　B. 严格执法的目标

C. 公正司法的目标　　D. 全民守法的目标

【解】B。本题考查全面依法治国的基本格局。严格执法的目标是加快建设法治政府。

14 “科学立法、严格执法、公正司法、全民守法”是全面依法治国的基本格局。其中，推进法治社会建设属于(　　)。

A. 全民守法的目标　　B. 严格执法的目标

C. 公正司法的目标　　D. 科学立法的目标

【解】A。本题考查全面依法治国的基本格局。全民守法的目标是推进法治社会建设。

15 全面依法治国的基本格局不包括(　　)。

A. 科学立法　　B. 保证执法

C. 公正司法　　D. 全民守法

【解】B。本题考查全面依法治国的基本格局。科学立法、严格执法、公正司法、全民守法是全面依法治国的基本格局。

16 习近平说过：“要懂得‘100－1＝0’的道理，一个错案的负面影响足以摧毁九十九个公正裁判积累起来的良好形象。执法司法中万分之一的失误，对当事人就是百分之百的伤害。”与这句话所蕴含的思想不一致的是(　　)。

A.“一次不公正的审判，其恶果甚至超过十次犯罪”

B. 公正是法治的生命线，是司法活动最高的价值追求

C. 法律的生命力在于实施，法律的权威也在于实施

D. 公正司法是维护社会公平正义的最后一道防线

【解】C。本题考查全面依法治国的基本格局。习近平的话主要强调公正司法的重要性，ABD三个选项与之相符，C选项不相干。

17 公正是法治的生命线，是司法活动最高的价值准则。公正司法是维护社会公平正义的最后一道防线。（　　）

A. 正确　　B. 错误

【解】A。本题考查全面依法治国的基本格局。论述正确。

第三节　维护宪法权威

小节1　我国宪法的形成和发展

前置要点 ▶ 维护宪法权威总论

坚持依法治国首先要坚持依宪治国，坚持依法执政首先要坚持依宪执政。

维护宪法权威，就是维护党和人民共同意志的权威；捍卫宪法尊严，就是捍卫党和人民共同意志的尊严；保证宪法实施，就是保证人民根本利益的实现。

宪法的根基在于人民发自内心的拥护，宪法的伟力在于人民出自真诚的信仰。

要点1 ▶ 我国宪法的形成

(1)“1954年宪法”是中华人民共和国第一部宪法，它以《中国人民政治协商会议共同纲领》为基础并加以发展，在总结新民主主义革命历史经验和社会主义改造与社会主义建设经验的基础上，规定了国家在过渡时期的总任务，确定了建设社会主义制度的道路和目标，确立了适合中国国情的国体和政体，同时较完整地规定了公民的基本权利和义务。

(2)我国现行宪法即“1982年宪法”是根据党的十一届三中全会确定的路线方针政策、由五届全国人大五次会议通过并公布施行的。1982年宪法深刻总结了我国社会主义建设正反两方面经验，适应我国改革开放和社会主义现代化建设、加强社会主义民主法制建设的新要求，确立了党的十一届三中全会之后的路线方针政策，把集中力量进行社会主义现代化建设作为国家的根本任务，就社会主义民主法制建设作出一系列规定，为改革开放和社会主义现代化建设提供了有力法制保障。

要点2 ▶ 我国宪法的发展

我国宪法是治国理政的总章程，必须体现党和人民事业的历史进步，必须随着党领导人民建设中国特色社会主义实践的发展而不断完善发展。**宪法只有不断适应新形势、吸纳新经验、确认新成果，才能具有持久生命力。**

1982年宪法，目前经历了**五次修正**，最新一次是2018年十三届全国人大一次会议通过宪法修正案进行的修正。通过本次宪法修改，党的十九大确定的重大理论观点和重大方针政策，党和国家事业发展的新成就、新经验、新要求，包括科学发展观、习近平新时代中国特色社会主

义思想、把我国建设成为富强民主文明和谐美丽的社会主义现代化强国、实现中华民族伟大复兴、中国共产党领导是中国特色社会主义最本质的特征、倡导社会主义核心价值观、确立宪法宣誓制度、完善国家主席任期制度、深化国家监察体制改革等载入宪法。

小试牛刀1

1 十三届全国人大一次会议的最重要成果和最重大历史贡献,就是通过了《中华人民共和国宪法修正案》。修改后的宪法的优点不包括(　　)。

A. 更好地体现了全党和全体人民的殷切期望

B. 更好地展示了中国特色社会主义制度的优势

C. 更好地适应了推进国家治理体系和治理能力现代化的要求

D. 为动员和组织全国各族人民夺取新时代中国特色社会主义伟大胜利提供有力宪法保障

【解】A。本题考查宪法修改的意义。后三个选项都能体现这次修改后宪法的优点。A 选项不相关。

要点 3 我国宪法建设史的历史启示

回顾党领导的宪法建设史,可以得出这样几点结论。

(1)制定和实施宪法,推进依法治国,建设法治国家,是实现国家富强、民族振兴、社会进步、人民幸福的必然要求。

(2)我国现行宪法是在深刻总结我国社会主义革命、建设、改革的成功经验基础上制定和不断完善的,是党领导人民长期奋斗的历史逻辑、理论逻辑、实践逻辑的必然结果。

(3)只有中国共产党才能坚持立党为公、执政为民,充分发扬民主,领导人民制定出体现人民意志的宪法,领导人民实施宪法。

(4)党高度重视发挥宪法在治国理政中的重要作用,坚定维护宪法尊严和权威,推动宪法完善和发展,这是我国宪法保持生机活力的根本原因所在。

小试牛刀2

2 我国宪法同党和人民进行的艰苦奋斗和创造的辉煌成就紧密相连,同党和人民开辟的前进道路和积累的宝贵经验紧密相连。回顾我们党领导的宪法建设史,可以得出的结论有(　　)。

A. 制定和实施宪法,推进依法治国,建设法治国家,是实现国家富强、民族振兴、社会进步、人民幸福的必然要求

B. 我国现行宪法是在深刻总结我国社会主义革命、建设、改革的成功经验基础上制定和不断完善的,是党领导人民长期奋斗的历史逻辑、理论逻辑、实践逻辑的必然结果

C. 只有中国共产党才能坚持立党为公、执政为民,充分发扬民主,领导人民制定出体现人民意志的宪法,领导人民实施宪法

D. 党高度重视发挥宪法在治国理政中的重要作用,坚定维护宪法尊严和权威,推动宪法完善和发展,这是我国宪法保持生机活力的根本原因所在

【解】ABCD。本题考查我国宪法建设史的历史启示。四个选项论述都正确。

小节 2　我国宪法的地位和基本原则

要点 1 我国宪法的地位

宪法是实现国家认同、凝聚社会共识、促进个人发展的基本准则，是维系一个国家、一个民族凝聚力的根本纽带。我国宪法实现了党的主张和人民意志的高度统一，具有显著优势、坚实基础、强大生命力。宪法至上地位主要体现在其特有的作用、效力和内容等方面。

(1)我国宪法是国家的根本法，是党和人民意志的集中体现，是治国安邦的总章程。

(2)我国宪法是国家各项制度和法律法规的总依据。宪法在中国特色社会主义法律体系中居于统帅地位。我国宪法具有最高的法律地位、法律权威、法律效力，具有根本性、全局性、稳定性、长期性。

(3)我国宪法规定了国家的根本制度。我国宪法确立了中国共产党的领导地位，规定了国家的根本任务、领导核心、指导思想、基本原则、发展道路、奋斗目标。

(4)我们党领导人民制定的宪法，是中国历史上第一部真正的人民宪法，是规范国家权力运行、保障公民权利实现的根本活动准则。

小试牛刀 3

3 2015 年 7 月 1 日，十二届全国人大常委会第十五次会议表决通过了全国人大常委会关于实行宪法宣誓制度的决定。决定于 2016 年 1 月 1 日起施行。决定彰显宪法权威，激励和教育国家工作人员忠于宪法、遵守宪法、维护宪法，加强宪法实施。不属于以上做法的原因的是(　　)。

A. 宪法是国家的根本法

B. 宪法是治国安邦的总章程

C. 宪法具有最高的法律地位、法律权威、法律效力

D. 宪法是中国特色社会主义法律体系的主干

【解】D。本题考查我国宪法的地位。主干不是决定彰显宪法权威的理由，故 D 错误。

4 我国宪法实现了党的主张和人民意志的高度统一，具有显著优势、坚实基础、强大生命力。宪法至上地位主要体现在其特有的作用、效力和内容等方面，不包括(　　)。

A. 我国宪法是国家的根本法，是治国安邦的总章程，是党和人民意志的集中体现

B. 我国宪法是国家各项制度和法律法规的总依据

C. 我国宪法规定了国家的根本制度

D. 我国宪法是中国特色社会主义法律体系的主干

【解】D。本题考查我国宪法的地位。主干不是宪法至上的主要体现，故 D 错误。

5 规定国家制度和社会制度的基本原则，集中表现各种政治力量对比关系，保障公民基本权利和义务的国家根本大法是民法。(　　)

A. 正确　　B. 错误

【解】B。本题考查我国宪法的地位。题干的民法应改为宪法。

6 因为民法保护人民群众最普遍的权利，所以是我国最根本、最重要的法律。(　　)

A. 正确　　B. 错误

【解】B。本题考查我国宪法的地位。我国最根本、最重要的法律是宪法。

要点2 ▶ 我国宪法的基本原则

宪法的基本原则是贯穿于宪法规范始终，对宪法的制定、修改、实施、遵守等环节起指导作用的基本准则。我国宪法的基本原则集中反映了规范权力运行、保障公民权利的基本精神，体现了社会主义法治的根本性质。

(1)党的领导原则。中国共产党是中国特色社会主义事业的领导核心，党的领导是人民当家作主的根本保证，是中国特色社会主义最本质的特征，是中国特色社会主义制度的最大优势。

(2)人民主权原则。人民当家作主是社会主义民主政治的本质和核心。主权是指国家的最高权力，我国宪法体现了人民主权原则，强调国家的一切权力属于人民。尊重和保障人权原则。

(3)尊重和保障人权原则。我国宪法将“国家尊重和保障人权”规定为一项基本原则，对公民的基本权利和自由作出全面规定，依法保障公民的生存权和发展权。

(4)社会主义法治原则。我国宪法明确规定实行依法治国，建设社会主义法治国家。

(5)民主集中制原则。民主集中制是集中全党全国人民集体智慧，实现科学决策、民主决策的基本原则和主要途径。

要点3 ▶ 我国宪法确立的制度(有一些补充内容，时间不充足可以只看加粗部分)

(1)国体和根本政治制度：

我国是工人阶级领导的、以工农联盟为基础的人民民主专政的社会主义国家。人民民主专政是我国的国体。为了保证人民当家作主，**我国宪法规定了人民代表大会制度这项根本政治制度。人民代表大会制度是我国的政体(即政权组织形式)。国体决定政体，政体体现国体。**

① 人民代表大会制度的重要性：人民代表大会制度是中国社会主义民主政治最鲜明的特点，是人民当家作主的重要途径和最高实现形式，是社会主义政治文明的重要制度载体，是我国的根本政治制度。

② 人民代表大会制度是我国的政权组织形式。依照我国宪法，人民行使国家权力的机关是全国人民代表大会和地方各级人民代表大会。

③ 人民代表大会制度的优越性：第一，能够有效保证人民享有更加广泛、更加充实的权利和自由，保证人民广泛参加国家治理和社会治理；第二，能够有效调节国家政治关系，增强民族凝聚力，形成安定团结的政治局面；第三，能够集中力量办大事，有效促进社会生产力解放和发展；第四，能够有效维护国家独立自主，有力维护国家主权、安全、发展利益，维护中国人民和中华民族的福祉。

(2)基本政治制度：

我国宪法确立的基本政治制度，主要有中国共产党领导的多党合作和政治协商制度、民族区域自治制度和基层群众自治制度。

① 中国共产党领导的多党合作和政治协商制度

共产党领导、多党派合作，共产党执政、多党派参政是中国共产党领导的政党制度的基本特色，也是我国政治制度的一大优势。

这一制度符合中国国情，反映了中国共产党同各民主党派长期共存、互相监督、肝胆相照、荣辱与共的关系。

中国人民政治协商会议是中国共产党领导的多党合作和政治协商的重要机构，是我国政治生活中发扬社会主义民主的重要形式。

② 民族区域自治制度是中国共产党和各族人民的一个伟大创造。

③ 基层群众自治制度

基层群众自治制度是一项基本政治制度。基层群众自治是基层民主的主要实现形式，是人民当家作主最有效、最广泛的途径。我国宪法规定，城市和农村按居民居住地区设立的居民委员会或者村民委员会是基层群众性自治组织。

(3)基本经济制度：

基本经济制度是指一国通过宪法和法律调整以生产资料所有制形式为核心的各种基本经济关系的规则、原则和政策的总和。**以公有制为主体、多种所有制经济共同发展，按劳分配为主体，多种分配方式并存，社会主义市场经济体制是我国现阶段的基本经济制度。**

社会主义公有制是我国经济制度的基础。全民所有制和劳动群众集体所有制是我国社会主义公有制的两种基本形式。全民所有制经济即国有经济，是国民经济中的主导力量，控制着国家的经济命脉，决定着国民经济的社会主义性质。

小试牛刀 4

7 中国社会主义民主政治最鲜明的特点是(　　)。

A. 人民民主专政制度

B. 人民代表大会制度

C. 中国共产党领导的多党合作和政治协商制度

D. 民族区域自治制度

【解】B。本题考查我国宪法确立的制度。人民代表大会制度是中国社会主义民主政治最鲜明的特点。

注意：余下几题没时间可以不看。

8 基层群众自治是基层民主的主要实现形式，是人民当家作主最有效、最广泛的途径。(　　)

A. 正确　　B. 错误

【解】A。本题考查我国宪法确立的制度。论述正确。

9 人民代表大会制度是我国的根本政治制度，其优越性表现在(　　)。

A. 能够有效保证人民广泛参加国家治理和社会治理

B. 能够有效调节国家政治关系，增强民族凝聚力，形成安定团结的政治局面

C. 能够集中力量办大事，有效促进社会生产力解放和发展

D. 能够有效维护国家独立自主，维护中国人民和中华民族的福祉

【解】ABCD。本题考查我国宪法确立的制度。四个选项都是人民代表大会制度的优越性。

10 人民代表大会制度是我国的(　　)。

A. 国家性质　　B. 根本政治制度　　C. 国家结构形式　　D. 政体

【解】BD。本题考查我国宪法确立的制度。人民代表大会制度是我国的政体(即政权组织形式)，也是我国的根本政治制度。因此，BD 选项正确。我国是工人阶级领导的、以工农联盟为基础的人民民主专政的社会主义国家。人民民主专政是我国的国体，社会主义是我国的国家性质。我国的国家结构形式是单一制。因此，AC 选项不合题意。

11 中国共产党领导的政党制度的基本特色是(　　)。

A. 共产党领导、多党派合作　　B. 共产党执政、多党派参政

C. 长期共存、互相监督　　D. 肝胆相照、荣辱与共

【解】AB。本题考查我国宪法确立的制度。共产党领导、多党派合作,共产党执政、多党派参政是中国共产党领导的政党制度的基本特色,也是我国政治制度的一大优势。这一制度符合中国国情,反映了中国共产党同各民主党派长期共存、互相监督、肝胆相照、荣辱与共的关系。

小节 3　加强宪法实施和监督

要点 1 ▶ 加强宪法实施

全国各族人民、一切国家机关和武装力量、各政党和各社会团体、各企业事业组织,都必须以宪法为根本活动准则,并且负有维护宪法尊严、保证宪法实施的职责。加强宪法实施,我们党首先要坚持依宪执政,国家权力机关要加强和改进立法工作,国家行政机关、监察机关和司法机关要严格执行法律,维护宪法法律尊严。

(1)坚持依宪执政。要坚持党领导立法、保证执法、支持司法、带头守法,把依法治国、依法执政、依法行政统一起来,把党总揽全局、协调各方同人大、政府、政协、监察机关、审判机关、检察机关依法依章程履行职能、开展工作统一起来,把党领导人民制定和实施宪法法律同党坚持在宪法法律范围内活动统一起来。

(2)坚持依法立法。国家权力机关要加强和改进立法工作,继续完善以宪法为核心的中国特色社会主义法律体系,以良法促进发展、保障善治、维护人民民主权利,保证宪法确立的制度、原则和规则得到全面实施。

(3)坚持严格执法。国家行政机关要坚持依宪施政、依法行政,严格规范政府行为,深化行政执法体制改革,推进执法规范化建设,严格规范公正文明执法,加大决策合法性审查力度,进一步提高科学决策、民主决策、依法决策水平。

小试牛刀 5

12 坚持党的领导,是社会主义法治的根本要求,是全面依法治国的题中应有之义。下列属于坚持党的领导的具体体现的是(　　)。

A. 党领导立法　　B. 党保证执法　　C. 党公正司法　　D. 党带头守法

【解】ABD。本题考查加强宪法实施中的依宪执政。坚持依宪执政,要坚持党领导立法、保证执法、支持司法、带头守法。因此,ABD 选项正确,C 选项不在此列,党并未直接参与司法,司法工作由专门的司法机关负责,因此党公正司法应为党支持司法。

13 一切国家机关和武装力量、各政党和各社会团体、各企业事业组织,都必须以宪法为根本活动准则,维护宪法尊严、保证宪法的实施。(　　)

A. 正确　　B. 错误

【解】A。本题考查加强宪法实施。论述正确。

要点 2 ▶ 完善宪法监督

(1)健全人大工作机制。全国人大及其常委会要依法行使监督权,加强对"一府一委两院"的行为是否合乎宪法的监督。要健全监督机制和程序,进一步明确全国人大及其常委会进行宪法监督的对象、范围、方式等,将原则性要求具体化、程序化,使宪法监督更规范更有效。

(2)健全宪法解释机制。全国人大常委会要完善宪法解释程序机制，明确宪法解释提请的条件、宪法解释请求的提起和受理以及宪法解释案的审议、通过和公布等具体规定，保证宪法解释贯彻落实，积极回应涉及宪法有关问题的关切，努力实现宪法的稳定性和适应性的统一。

(3)健全备案审查机制。要建立健全党委、人大、政府、军队间备案审查衔接联动机制，加强备案审查制度和能力建设，实行有件必备、有备必审、有错必纠。要提高备案审查机制的执行力和约束力，增强备案审查的实际效能。

(4)健全合宪性审查机制。推进合宪性审查工作，要求有关方面拟出台的法规规章、重要政策和重大举措，凡涉及宪法有关规定如何解释、如何适用的，都应当事先经过全国人大常委会合宪性审查，确保同宪法规定、宪法精神相符合。

第四节　自觉尊法学法守法用法

小节 1　培养社会主义法治思维

要点 1 ▶ 法治思维及其内涵

(1)法治思维是指以法治价值和法治精神为导向，运用法律原则、法律规则、法律方法思考和处理问题的思维模式。

(2)法治思维包含以下几层含义：第一，法治思维以法治价值和法治精神为指导，是一种正当性思维；第二，法治思维以法律原则和法律规则为依据来指导人们的社会行为，是一种规范性思维；第三，法治思维以法律手段与法律方法为依托分析问题、处理问题解决纠纷，是一种可靠的逻辑思维；第四，法治思维是一种符合规律尊重事实的科学思维。因此，法治思维是一种融法律的价值属性和工具理性于一体的特殊的高级法律意识。

要点 2 ▶ 法治思维的基本内容

法治思维主要表现为价值取向和规则意识两个方面，价值取向是指如何看待和对待法律，规则意识是指如何用法律看待和对待自身。一般来讲，法治思维主要包括法律至上、权力制约、公平正义、权利保障、正当程序等内容。

(1)法律至上：

① 含义：法律至上是指在国家或社会的所有规范中，法律是地位最高、效力最广、强制力最大的规范。

② 要求：要求所有社会规范(如宗教规范、道德规范、团体规范和行业规范等)都不得超越法律规范，都不得与法律规范相抵触(这里的法律，既包括宪法，也包括其他一般法律)。法律至上尤其指宪法至上，因为宪法具有最高的法律效力，是其他一切法律的依据。

③ 具体表现：法律至上具体表现为法律的普遍适用性、优先适用性和不可违抗性。

法律的普遍适用性，是指法律在本国主权范围内对所有人具有普遍的约束力。

法律的优先适用性，是指当同一项社会关系同时受到多种社会规范的调整而多种社会规范又相互矛盾时，要优先考虑法律规范的适用。

法律的不可违抗性，是指法律必须遵守，违反法律要受到惩罚。

(2)权力制约：

① **含义**：权力制约是指国家机关的权力必须受到法律的规制和约束，也就是要把权力关进制度的笼子里。法律是约束权力最大的“笼子”，具有制约公权力的重要功能。

② **原因**：在我国，国家权力是人民的，即一切权力为民所有；国家权力是为人民服务的，即一切权力为民所用。因此，只有依法对权力的配置和运行进行有效制约和监督，才能防止权力私用、权力滥用和权力腐败。国家工作人员就职时应当按照法律规定公开进行宪法宣誓。

③ **要求**：权力由法定、有权必有责、用权受监督、违法受追究四项要求。

权力由法定，即法无授权不可为，是指国家机关的职权必须来自法律明确的授予。

有权必有责，是指国家机关在获得权力的同时必须承担相应的职责和责任。

用权受监督，是指国家权力的运行和行使必须接受各种形式的监督，让人民监督权力，让权力在阳光下运行。

违法受追究，是指国家工作人员违法行使权力必须受到法律的追究和制裁。

(3)**公平正义**：

① **含义**：公平正义是指社会的政治利益、经济利益和其他利益在全体社会成员之间合理、公平分配和占有。

② **内容**：公平正义主要包括权利公平、机会公平、规则公平和救济公平。

权利公平包括三重含义：一是权利主体平等，国家对每个权利主体“不偏袒”“非歧视”；二是享有的权利特别是基本权利平等；三是权利保护和权利救济平等。

机会公平是指生活在同一社会中的成员拥有相同的发展机会和发展前景，反对任何形式的歧视。机会公平包括国家和社会要积极为社会成员的发展创造条件，并努力创造平等的起点(起点平等)；社会成员的发展进步权要受到同等尊重，不断拓展社会成员的发展领域(发展平等)；不仅要关注当代人的平等机会，还要考虑后代人的机会平等(代际平等)。

规则公平是指对所有人适用同一的规则和标准，不得因人而异。包括法律规则面前人人平等、法律内容面前人人平等和法律保护面前人人平等，任何人不得享有法律之外的特权，任何人也不会被法律排除在保护之外。

救济公平是指为权利受到侵害或处于弱势地位的公民提供平等有效的救济。救济公平包括司法救济公平、行政救济公平、社会救济公平。司法救济公平是指司法要公正对待每一个当事人，致力于实现司法公正；行政救济公平是指政府对需要救济的社会成员提供的救济服务要一律平等，不得区别对待；社会救济公平是指社会对需要救济的社会成员提供的社会救济服务要一律平等，不得厚此薄彼。

(4)**权利保障**：

权利保障主要是指对公民权利的法律保障，具体**包括宪法保障、立法保障、行政保障和司法保障。**

① **宪法保障是权利保障的前提和基础。**宪法表明尊重和保障人权的鲜明态度，确立保障权利的有效机制，明确列出宪法保障的公民基本权利，能够推动整个国家和法律体系加强权利保障。

② **立法保障是权利保障的重要条件。**宪法有关基本权利的规定一般较为原则，各项具体权利的保障由立法机关通过立法作出明确规定。

③ **行政保障是权利保障的关键环节。**行政机关在行使行政管理权的过程中，必然要涉及处置社会成员的利益问题，很容易发生损害或侵犯公民权利的现象。因此，行政机关是否能够

有效地保护公民权利，直接反映出一个国家的权利保障状况。

④ 司法保障是公民权利保障的最后防线。司法保障既是解决个人之间权利纠纷的有效渠道，也是纠正和遏制行政机关侵犯公民权利的有力机制。

(5)正当程序：

① 重要性：只有严格按照法律程序办事办案，处理结果才可能公正并具有公信力和权威性。

② 表现在程序的合法性、中立性、参与性、公开性、时限性等方面。

合法性是指程序运行合乎法律的规定，有关机关或个人不得违反或变相违反；

中立性是指程序设计和运行应平等地对待双方当事人，不得偏向任何一方；

参与性是指案件或纠纷的利害关系人都有机会进入办案程序，充分表达自己的利益诉求和意见主张，为解决纠纷发挥作用；

公开性是指程序运行的过程和结果应当向当事人和社会公开，以接受各方监督，防止办案不公和暗箱操作，让正义以人们看得见的方式实现；

时限性是指程序的运行必须有合理的期限，符合时间成本和效率原则的要求，不得无故拖延或没有终结。俗话说，正义不应缺席，也不应迟到，迟到的正义是有瑕疵的正义。

小试牛刀1

1 任何人不论权力大小、职位高低，只要有违法犯罪行为，就要依法追究和承担法律责任。这体现的是法律的（　　）。

A. 普遍适用性　　B. 优先适用性　　C. 不可违抗性　　D. 鲜明阶级性

【解】A。本题考查法治思维的基本内容。法律至上具体表现为法律的普遍适用性、优先适用性和不可违抗性。法律的普遍适用性，是指法律在本国主权范围内对所有人具有普遍的约束力。法律的优先适用性，是指当同一项社会关系同时受到多种社会规范的调整而多种社会规范又相互矛盾时，要优先考虑法律规范的适用。法律的不可违抗性，是指法律必须遵守，违反法律要受到惩罚。题设部分，明显体现的是法律的普遍适用性。

2 公平正义是中国共产党一贯坚持的政治主张和价值追求。党的十九大报告指出，我国稳定解决了十几亿人的温饱问题，总体上实现小康，不久将全面建成小康社会，人民美好生活需要日益广泛，不仅对物质文化生活提出了更高要求，而且在民主、法治、公平、正义、安全、环境等方面的要求日益增长。作为法治思维基本内容之一的公平正义的内容的主要点不包括（　　）。

A. 权利公平　　B. 机会公平　　C. 结果公平　　D. 规则公平

【解】C。本题考查法治思维的基本内容。公平正义主要包括权利公平、机会公平、规则公平和救济公平。C 选项结果公平，不在公平正义之列。

3 权利公平是公平正义的重要内容之一。以下不属于权利公平内容的是（　　）。

A. 权利主体平等　　B. 发展机会和发展前景平等

C. 权利保护和权利救济平等　　D. 享有的权利特别是基本权利平等

【解】B。本题考查法治思维的基本内容。权利公平包括三重含义：一是权利主体平等，国家对每个权利主体“不偏袒”“非歧视”；二是享有的权利特别是基本权利平等；三是权利保护和权利救济平等。B 选项发展机会和发展前景平等，不在权利公平之列。

4 权利保障是法治思维的基本内容之一。权利的法律保障包括四方面的内容，其中，权利保障的前提和基础是（　　）。

A. 宪法保障　　B. 立法保障　　C. 行政保障　　D. 司法保障

【解】A。本题考查法治思维的基本内容。权利保障主要是指对公民权利的法律保障，具体包括宪法保障、立法保障、行政保障和司法保障。宪法保障是权利保障的前提和基础，立法保障是权利保障的重要条件，行政保障是权利保障的关键环节，司法保障是公民权利保障的最后防线。

5 权利保障是法治思维的基本内容之一。权利的法律保障包括四方面的内容，其中，权利保障的关键环节是（　　）。

A. 宪法保障　　B. 立法保障　　C. 行政保障　　D. 司法保障

【解】C。本题考查法治思维的基本内容。根据第 4 题，C 选项正确。

6 正当程序是法治思维的基本内容之一。正当程序的正当，表现为程序的合法性、中立性、参与性、公开性、时限性等方面。俗话说，正义不应缺席，也不应迟到，迟到的正义是有瑕疵的正义。这实际上指的是程序必须具有（　　）。

A. 中立性　　B. 参与性　　C. 公开性　　D. 时限性

【解】D。本题考查法治思维的基本内容。合法性是指程序运行合乎法律的规定，有关机关或个人不得违反或变相违反；中立性是指程序设计和运行应平等地对待双方当事人，不得偏向任何一方；参与性是指案件或纠纷的利害关系人都有机会进入办案程序，充分表达自己的利益诉求和意见主张，为解决纠纷发挥作用；公开性是指程序运行的过程和结果应当向当事人和社会公开，以接受各方监督，防止办案不公和暗箱操作，让正义以人们看得见的方式实现；时限性是指程序的运行必须有合理的期限，符合时间成本和效率原则的要求，不得无故拖延或没有终结。正义不该迟到，显然是时限性的问题，故选 D。

7 正当程序是法治思维的基本内容之一。正当程序的正当，表现为程序的合法性、中立性、参与性、公开性、时限性等方面。程序运行合乎法律的规定，有关机关或个人不得违反或变相违反，指的是程序必须具有（　　）。

A. 中立性　　B. 参与性　　C. 合法性　　D. 公开性

【解】C。本题考查法治思维的基本内容。根据第 6 题，C 选项正确。

8 公平正义是法治思维的基本内容之一。公平正义主要包括权利公平、机会公平、规则公平和救济公平。权利公平不包括（　　）。

A. 起点平等　　B. 权利主体平等

C. 享有的权利，特别是基本权利平等　　D. 权利保护和权利救济平等

【解】A。本题考查法治思维的基本内容。根据第 3 题，选 A。

9 公平正义是法治思维的基本内容之一。公平正义主要包括权利公平、机会公平、规则公平和救济公平。机会公平不包括（　　）。

A. 起点平等　　B. 结果平等　　C. 发展平等　　D. 代际平等

【解】B。本题考查法治思维的基本内容。机会公平是指生活在同一社会中的成员拥有相同的发展机会和发展前景，反对任何形式的歧视。包括起点平等、发展平等、代际平等。B 选项结果平等不在此列。

10 权利保障是法治思维的基本内容之一。权利的法律保障不包括（　　）。

A. 宪法保障　　B. 立法保障　　C. 行政保护　　D. 政治保障

【解】D。本题考查法治思维的基本内容。根据第 4 题，选 D。

11 法律至上原则是法治思维的基本内容之一。法律的至上性的具体表现不包括(　　)。

A. 法律的普遍适用性　　B. 法律的优先适用性

C. 法律的客观性　　D. 法律的不可违抗性

【解】C。本题考查法治思维的基本内容。法律至上性具体表现为法律的普遍适用性、优先适用性和不可违抗性。C 选项法律的客观，不在此列。

12 权力制约要求：权力由法定、有权必有责、用权受监督、违法受处罚四项。　　(　　)

A. 正确　　B. 错误

【解】B。本题考查法治思维的基本内容。受处罚应为受追究。

小节 2　依法行使权利与履行义务

要点 1 ▶ 法律权利与法律义务

(1)法律权利：

① 含义：法律权利是指反映一定的社会物质生活条件所制约的行为自由，是法律所允许的权利人为了满足自己的利益而采取的、由其他人的法律义务所保证的法律手段。可以将法律权利概括为，权利主体依法要求义务主体作出某种行为或者不作出某种行为的资格。强调社会的物质生活条件对权利的制约和决定作用，这是马克思主义权利观与其他权利观的根本区别。

② 特征：一是法律权利的内容、种类和实现程度受社会物质生活条件的制约。二是法律权利的内容、分配和实现方式因社会制度和国家法律的不同而存在差异。三是法律权利不仅由法律规定或认可，而且受法律维护或保障，具有不可侵犯性。由国家强制力保障其实现，这是法律权利区别于其他权利的根本所在。四是法律权利必须依法行使，不能不择手段地行使法律权利。个人违反法律规定的条件或超越正当界限而行使权利的，属于滥用权利。

(2)法律义务：

① 含义：法律义务是指反映一定的社会物质生活条件所制约的社会责任，是保障法律所规定的义务人应该按照权利人要求从事一定行为或不行为以满足权利人利益的法律手段。义务与权利相对应，法律义务是指政治上、法律上、道义上应当承担的责任。法律义务具有法定的强制性。

② 履行表现：一种形式是作为，是指义务人(承担法律义务的主体)实施积极的行为；另一种形式是不作为，是指义务人不得实施某种行为。

③ 特点：法律义务是历史的，法律义务源于现实需要，法律义务必须依法设定，法律义务可能发生变化。

(3)法律权利与法律义务的关系(辩证统一、目的与手段的关系；平等互利的关系)：

法律权利与法律义务的关系，就像一枚硬币的两面，不可分割，相互依存。在社会生活中，每个人既是享受法律权利的主体，又是承担法律义务的主体。在法治国家中，不存在只享受权利的主体，也不存在只承担义务的主体。法律权利的实现必须以相应法律义务的履行为条件，法律义务的设定和履行也必须以法律权利的行使为根据。离开了法律权利，法律义务就失去了履行的价值和动力；离开了法律义务，法律权利也形同虚设。有些法律权利和法律义务具有复合性的关系，即一个行为可以同时是权利行为和义务行为。如劳动的权利和义务，接受义务教育的权利和义务。

小试牛刀 2

13 马克思主义权利观与其他权利观的根本区别在于(　　)。

A. 强调社会的物质生活条件对权利的制约和决定作用

B. 强调公民的权利和义务是平等的

C. 强调公民的权利和义务是统一的

D. 强调权利和义务关系是社会关系的核心部分

【解】A。本题考查法律权利与法律义务。强调社会的物质生活条件对权利的制约和决定作用,这是马克思主义权利观与其他权利观的根本区别。

14 法律权利区别于其他权利的根本所在是(　　)。

A. 受社会物质生活条件的制约　　B. 由国家强制力保障其实现

C. 源于现实需要　　D. 是历史的

【解】B。本题考查法律权利与法律义务。由国家强制力保障其实现,这是法律权利区别于其他权利的根本所在。

15 随着我国经济社会的发展,国家免除了农民缴纳土地税的义务;随着国民收入的提高,国家逐步调整个人所得税的起征标准,收入在起征点以下人群缴纳所得税的义务也随之被免除。这体现的法律义务的特点是(　　)。

A. 法律义务是历史的　　B. 法律义务源于现实需要

C. 法律义务必须依法设定　　D. 法律义务可能发生变化

【解】D。本题考查法律权利与法律义务。本题强调起征税点的变化,因此体现的是法律义务可能发生变化的特点。

16 我国《立法法》明文规定,限制公民人身和财产权利的法律必须由国家立法机关制定,行政机关即政府不得制定限制公民人身或财产权利的法规。党的十八届四中全会决定指出,行政机关要“坚持法无授权不得为”,不得通过行政法规减损公民的权利。这体现的是法律义务特点中的(　　)。

A. 法律义务是历史的特点　　B. 法律义务源于现实需要的特点

C. 法律义务必须依法设定的特点　　D. 法律义务可能发生变化的特点

【解】C。本题考查法律权利与法律义务。“坚持法无授权不得为”体现的是法律义务必须依法设定的特点。

17 马克思说:没有无义务的权利,也没有无权利的义务。法律权利与法律义务的关系,就像一枚硬币的两面,密不可分。以下选项内容错误的是(　　)。

A. 一个行为不会同时是权利行为和义务行为

B. 法律权利与法律义务是目的与手段的关系

C. 有些法律权利和法律义务具有复合性的关系

D. 法律权利和法律义务是相互依存的关系

【解】A。本题考查法律权利与法律义务。法律权利与法律义务的关系是辩证统一、目的与手段、平等互利的关系,有时法律权利与法律义务可以复合。因此,A 选项错误。

18 根据《中华人民共和国宪法》规定,劳动权和受教育权既是公民权利又是公民义务。(　　)

A. 正确　　B. 错误

【解】A。本题考查法律权利与法律义务。有些法律权利和法律义务具有复合性的关系，即一个行为可以同时是权利行为和义务行为。如劳动的权利和义务，接受义务教育的权利和义务。

19 法律权利和法律义务在总量上是等值的。 ( )

A. 正确 B. 错误

【解】A。本题考查法律权利与法律义务。法律权利和法律义务是相互依存的，因此在总量上是等值的。

要点 2 我国宪法法律规定的权利

我国宪法法律规定了公民享有一系列权利，主要包括政治权利、人身权利、财产权利、社会经济权利、宗教信仰自由及文化教育权利等。

(1)政治权利：

① 含义：政治权利是公民参与国家政治活动的权利和自由的统称。它的行使主要表现为公民参与国家、社会组织与管理的活动。

② 重要性：公民的政治权利构成了实现人民主权原则及各种具体民主制度不可或缺的前提条件，反过来又体现了人民主权原则及各种具体民主制度的必然要求。

③ 主要内容：

选举权利包括选举权与被选举权。

表达权是指公民依法享有的表达自己对国家公共生活的看法、观点、意见的权利。表达权利对于一个国家的政治、经济、文化、科技、道德的发展具有基础性作用。

民主管理权是指公民根据宪法法律规定，管理国家事务、经济和文化事业。

监督权是指公民依据宪法法律规定监督国家机关及其工作人员活动的权利。

(2)人身权利：

① 含义：人身权利是指公民的人身不受非法侵犯的权利，包括生命健康权、人身自由权、人格尊严权、住宅安全权、通信自由权等具体权利。

② 重要性：人身权利是公民参加国家政治、经济与社会生活的基础，是公民权利的重要内容。一切组织和个人都负有不侵害他人人身权利的义务。

③ 主要内容：生命健康权是指维持生命存在的权利。生命权是人最基本、最原始的权利，享有生命权是人享有其他各项权利的前提。生命权是人的尊严的基础，具有神圣性与不可转让性，不可非法剥夺。健康权是在公民享有生命权的前提下确保自身肉体健全和精神健全、不受任何伤害的权利。

人身自由权是指公民的人身自由不受非法搜查、拘禁、逮捕等行为侵犯的权利。人身自由，首先是指人的身体不受拘束，因而被视为“最小限度的自由”。其次是指人的行动自由。最后是指人身自由不受非法限制和剥夺。人身自由是人们一切行动和生活的前提条件。

人格尊严权，即与人身有密切联系的名誉、姓名、肖像等不容侵犯的权利。人格尊严权的基本内容有姓名权、肖像权、名誉权、荣誉权、隐私权。

住宅安全权也称住宅不受侵犯权，是指公民居住、生活、休息的场所不受非法侵入或搜查的权利。这里的“住宅”既包括固定居住的住宅，同时也包括临时性的住所。

通信自由权是指公民通过书信、电报、传真、电话及其他通信手段，根据自己的意愿进行通信，不受他人干涉的自由。

(3)财产权利：

① 含义：财产权利是指公民、法人或其他组织通过劳动或其他合法方式取得财产和占有、使用、收益、处分财产的权利。

② 重要性：对个人而言，财产权是公民权利的重要内容，是公民在社会生活中获得自由与实现经济利益的必要途径。我国宪法规定，公民合法的私有财产不受侵犯。国家依照法律规定保护公民的私有财产权和继承权。

③ 主要内容：

私有财产权。我国宪法法律规定，公民一切具有财产价值的权利，不管是生活资料还是生产资料，不管是物权、债权还是知识产权，都应当受到保护。

继承权是指继承人依法取得被继承人遗产的资格。在我国，继承人有的是法律明确规定的，有的是被继承人通过订立合法有效的遗嘱或遗赠指定的，有的是通过被继承人与他人签订的遗赠抚养协议指定的。

(4)社会经济权利：

① 含义：社会经济权利是指公民要求国家根据社会经济的发展状况，积极采取措施干预社会经济生活，加强社会建设，提供社会服务，以促进公民的自由和幸福，保障公民过上健康而有尊严的生活的权利。

② 主要内容：

劳动权是指一切有劳动能力的公民有获得劳动的机会和适当的劳动条件和报酬的权利。劳动权是公民赖以生存的基础，是行使其他权利的物质上的保障。

休息权是指劳动者在付出一定的劳动以后所享有的休息和休养的权利，是劳动权存在和发展的基础。休息权和劳动权是密切联系的，休息权是提高劳动效率、保障劳动者的生活和身体健康所必需的。劳动者休息权主要通过国家规定工作时间和休假制度予以实现。

社会保障权是指公民享有国家提供维持有尊严的生活的权利。

物质帮助权是指公民在法定条件下获得国家物质帮助的权利。

(5)宗教信仰自由：是指公民依据内心的信念，自愿地信仰宗教的自由，具体内容包括信仰宗教的自由、从事宗教活动的自由、举行或参加宗教仪式的自由等。

(6)文化教育权：是公民在文化和教育领域享有的权利，主要包括教育方面的权利和文化活动方面的权利。

① 教育方面的权利主要表现为**受教育权。**受教育权是公民在教育领域享有的基本权利，是公民接受文化、科学等方面训练的权利。

② 文化方面的权利主要表现为公民的**文化权利，**主要包括科学研究的自由、文学艺术创作的自由、进行其他文化活动的自由三个方面内容。文化权利有个人的文化权利和集体的文化权利之分，前者如由任何科学、文学或艺术作品所产生的精神上和物质上的利益受到保护的权利；后者如少数民族群众享有保留和发展其文化特性及其文化的各种形式的权利。

小试牛刀 3

20 公民参加国家政治、经济与社会生活的基础是(　　)。

A. 表达权利　　B. 人身权利　　C. 社会经济权利　　D. 文化教育权利

【解】B。本题考查我国宪法法律规定的权利。人身权利是公民参加国家政治、经济与社会生活的基础。

21 人们一切行动和生活的前提条件是(　　)。

A. 健康权　　B. 人格尊严　　C. 人身自由　　D. 言论自由

【解】C。本题考查我国宪法法律规定的权利。人身自由是人们一切行动和生活的前提条件。

22 政治权利是我国宪法法律规定的公民权利的内容之一。政治权利不包括(　　)。

A. 选举权、被选举权　　B. 表达权

C. 民主管理权　　D. 宗教信仰自由

【解】D。本题考查我国宪法法律规定的权利。政治权利包括选举权与被选举权、表达权、民主管理权、监督权。D选项宗教信仰自由不在此列。

23 人身自由是人们一切行动和生活的前提条件。关于人身自由,下列说法错误的是(　　)。

A. 它指人的身体不受拘束

B. 它指人的行动自由

C. 它指人身自由不受非法限制和剥夺

D. 它指公民居住、生活、休息的场所不受非法侵入或搜查的权利

【解】D。本题考查我国宪法法律规定的权利。人身自由,首先是指人的身体不受拘束,因而被视为“最小限度的自由”。其次是指人的行动自由。最后是指人身自由不受非法限制和剥夺。D选项不在此列。

24 公民的知识产权属于私有财产权,应当受到保护。(　　)

A. 正确　　B. 错误

【解】A。本题考查我国宪法法律规定的权利。论述正确。

25 人身权利是指公民的人身不受非法侵犯的权利,包括生命健康权、人身自由权、人格尊严权、住宅安全权、通信安全权等具体权利。(　　)

A. 正确　　B. 错误

【解】B。本题考查我国宪法法律规定的权利。通信安全权应改为通信自由权。

26 社会经济权利是指公民要求国家根据社会经济的发展状况,积极采取措施干预社会经济生活,加强社会建设,提供社会服务,以促进公民的自由和幸福,保障公民过上健康而富有的生活的权利。(　　)

A. 正确　　B. 错误

【解】B。本题考查我国宪法法律规定的权利。富有应改为有尊严。

要点3 ▶ 依法行使法律权利

依法行使法律权利要求公民行使权利时严格依据法律进行,以法律的相关规定为界限,超出这个边界就可能侵犯到他人的权利或者损害到国家、社会的利益。

(1)**权利行使的目的的正当性。**

① 行使法律权利不仅要在形式上符合相关法律的规定,也要符合立法意图和精神,不得违反宪法法律确定的基本原则,保障权利行使的正当性。

② 行使权利不得破坏公序良俗,妨碍法律的社会功能和法律价值的实现。

(2)**权利行使的必要限度。**任何权利的行使都不是绝对的,都有其相应的限度,必须依照法律规定的限度来行使权利。如果因行使自己权利而损害了国家、集体或他人的利益,超出了国家法律所许可和保障的范围与界限,则不再是行使权利,而是侵权,会受到法律追究。

(3)**权利行使方式的法定性。**权利行使的方式分为口头方式、书面方式和行为方式,有时口头方式和书面方式可以兼用。权利行使还可分为直接行使和间接行使。

(4)**权利行使的正当程序。**由于一个人行使权利的过程可能就是另一个人履行义务的过程,所以程序正当原则同样适用于权利行使过程。通常情况下,行使权力的程序是法律规定的。

要点4 ▶ 依法行使法律义务

法律义务更需要由法律加以规定。义务法定,一方面是说义务的设定必须有法律依据,另一方面是说法定的义务应当履行,否则会承担不利的法律后果。

公民应履行的基本法律义务:

(1)维护国家统一和民族团结。宪法和相关法律规定,禁止对任何民族的歧视和压迫,禁止破坏民族团结和制造民族分裂的行为;一切破坏民族团结和制造民族分裂的行为都将受到法律的追究。维护国家主权和领土完整是包括台湾同胞在内的全中国人民的共同义务。

(2)遵守宪法和法律。一是保守国家秘密;二是爱护公共财产;三是遵守劳动纪律;四是遵守公共秩序;五是遵守社会公德。

(3)维护祖国安全、荣誉和利益。祖国安全是指国家的领土完整和主权不受侵犯,国家政权不受威胁。祖国安全是国家政权稳定和公民依法行使权利与自由的根本保障。维护祖国荣誉是指国家的声誉和尊严不受损害,对有辱祖国荣誉、损害祖国利益的行为给予法律制裁。祖国利益通常分为对外和对内两个方面。对外主要是指民族的政治、经济、文化等方面的权利和利益;对内主要是指公共利益。

(4)依法服兵役。我国实行义务兵与志愿兵相结合、民兵与预备役相结合的兵役制度。我国公民都有义务依法服兵役。我国兵役法规定,每年 12 月 31 日以前年满 18 周岁的男性公民,应当被征集服现役。我国兵役法对服兵役的主体作了限制性规定。

(5)依法纳税。在现代社会中,税收是国家财政收入的主要来源,纳税是公民应该履行的一项基本义务。根据我国个人所得税法的规定,在中国境内有住所,或者无住所而在境内居住满一年的个人,从中国境内和境外取得的所得,依法缴纳个人所得税。

小节3 不断提升法治素养

要点1 ▶ 尊重法律权威

法律权威是国家治理的坚实基础和关键。尊重和维护法律权威是实现人民意志、维护人民利益、保障人民权利的基本途径。尊重和维护法律权威是维护个人合法权益的根本保障。尊重和维护法律权威是社会主义法治观念的核心要求和建设社会主义法治国家的前提条件。全体社会成员尊重社会主义法律权威,不仅是保证法律发挥作用的基本前提和要求,也是保障个人平安幸福的底线和红线。

(1)**含义:**

法律权威是指法律在社会生活中的作用力、影响力和公信力,是法律应有的尊严和生命。

(2)**法律有无权威,取决于四个基本要素:**

一是法律在国家和社会治理体系中的地位和作用;二是法律本身的科学程度;三是法律在实践中的实施程度;四是法律被社会成员尊崇或信仰的程度。

(3)**基本要求:**

① 尊重法律权威，就是要信仰法律，对法律常怀敬畏之心。

② 尊重法律权威，就是要遵守法律，要用实际行动捍卫法律尊严，保障法律实施。

③ 尊重法律权威，就是要服从法律，拥护法律的规定，接受法律的约束，履行法定的义务，服从依法进行的管理，承担相应的法律责任。

④ 尊重法律权威，就是要维护法律，争当法律权威的守望者、公平正义的守护者、具有良知的护法者。

小试牛刀 4

27 既是社会主义法治观念和法治思维的核心要求，也是建设社会主义法治国家的前提条件的是(　　)。

A. 信仰法律　　B. 尊重和维护法律权威　　C. 遵守法律　　D. 服从法律

【解】B。本题考查尊重法律权威。尊重和维护法律权威是社会主义法治观念的核心要求和建设社会主义法治国家的前提条件。

28 “法律既不是铭刻在大理石上，也不是铭刻在铜表上，而是铭刻在公民们的内心里。”卢梭这句话强调的是(　　)。

A. 法律必须被信仰，否则形同虚设　　B. 要用实际行动保障法律实施

C. 应当拥护法律的规定，接受法律的约束　　D. 对违法犯罪行为要敢于揭露、敢于抵制

【解】A。本题考查尊重法律权威。法律要刻在心里，强调法律必须被信仰，否则形同虚设。

29 法律权威是指法律在社会生活中的作用力、影响力和公信力，是法律应有的尊严和生命。法律有无权威，不取决于(　　)。

A. 法律在国家和社会治理体系中的地位和作用

B. 法律本身的科学程度

C. 刑事拘留数、批捕率、起诉率、有罪判决率、结案率是否达标

D. 法律被社会成员尊崇或信仰的程度

【解】C。本题考查尊重法律权威。法律有无权威，取决于四个基本要素：一是法律在国家和社会治理体系中的地位和作用；二是法律本身的科学程度；三是法律在实践中的实施程度；四是法律被社会成员尊崇或信仰的程度。C 选项不在此列。

30 法律权威是指法律在社会生活中的作用力、影响力和公信力，是法律应有的尊严和生命。尊重和维护法律权威是(　　)。

A. 社会主义法治观念和法治思维的核心要求

B. 建设社会主义法治国家的前提条件

C. 实现人民意志、维护人民利益、保障人民权利的基本途径

D. 维护个人合法权益的根本保障

【解】ABCD。本题考查尊重法律权威。四个选项都是尊重和维护法律权威的意义。

要点 2 ▶ 学习法律知识

学习和掌握基本的法律知识，是培养法治思维的前提。

(1)法律知识通常包括法律法规条文方面的知识和法律法治基本原理方面的知识，这两部分法律知识对于培养法治思维都很重要。只有既了解法律法规在某个问题上的具体规定，又了

解法律的原理、原则，才能更好地领会法律精神，养成法治思维。

(2)除了从书本上获取法律知识外，还可以通过收听收看法制广播电视节目、阅读法律类报纸杂志，尤其是运用网络等途径学习法律知识。

(3)参与法律实践是学习法律知识的有效途径。现在，参与法律实践的方式和途径越来越多。一是参与立法讨论；二是旁听司法审判；三是参与模拟法庭、法律诊所、法律辩论等校园法治文化活动。

要点3 ▶ 养成守法习惯

(1)增强规则意识。养成规则意识、坚持守法守规是每一个法治国家公民的基本素养。处理问题、作出决定时，要先问问在法律上“是什么”和“为什么”，是否合法可行。在处理守法与违法的关系时，要防微杜渐，防止因小失大。在面临选择的重大关头，要依法冷静权衡，防止因头脑发热或心存侥幸而铸成大错。在学习和生活中，大学生应做到懂规矩、守规则、依规范，坚持依法办事。

(2)守住法律底线。法律红线不可逾越，法律底线不可触碰。法律不能成为“橡皮泥”“稻草人”，大学生应当坚持从我做起，从身边做起，形成底线思维，严守法律底线，带头遵守法律。

要点4 ▶ 提高用法能力

(1)学会用法维护自身权利。当自身的合法权益受到侵害或者威胁时，既要有遇事找法、解决问题用法、化解矛盾靠法的意识，又要掌握维护权利的途径和手段，如自力救济、协商、和解、调解、仲裁、诉讼等。在具体生活中，面对校园暴力、网贷欺诈、用工纠纷等现象，除了提高防范意识外，还要善于留存法律证据，通过法律途径解决问题，理性维权。

(2)学会用法维护社会利益。对违法犯罪行为要敢于揭露、勇于抵制，消除袖手旁观、畏缩不前的恐惧心理，抵制遇事回避的惧法现象。如帮扶弱者、见义勇为，不仅是一种道德要求，也是一种法律规范，为我国的民法典、残疾人保障法、老年人权益保障法、未成年人保护法等法律所保护，对践行法律、弘扬正气起到了重要的推动作用。

图例笔记与思考讨论

小节1　图例笔记

要点1 ▶ 法律、法治、法制

(1)法律与法治:法律是什么？最形象的说法就是准绳。用法律的准绳衡量、规范、引导社会生活，这就是法治。法治是法律统治的简称，是一种治国原则和方法，是相对于“人治”而言的。

(2)法制是法律制度的简称，属于制度的范畴，是一种实际存在的东西。

(3)法治与法制的关系:法治是对法制这种实际存在东西的完善和改造。法制是法治的基础和前提条件，要实行法治，必须具有完备的法制；法治是法制的立足点和归宿，法制的发展前途必然是最终实现法治。

要点2 ▶ 法律规范与其他规范

(1)调整人们行为的社会规范有多种，除了法律规范，还有道德规范和纪律规范等。与道德规范和纪律规范不同，法律的实施是由国家强制力来保障的。

（2）虽然道德规范和纪律规范的实施也具有一定程度的强制力，但这些强制力并不以国家强制为后盾。国家强制性是法律规范区别于其他社会规范的一个重要特征。

要点3 ▶ 中国特色社会主义法律体系

中国特色社会主义法律体系，是以宪法为统帅，以宪法相关法、民法、商法、行政法、经济法、社会法、刑法、诉讼与非诉讼程序法等多个法律部门的法律为主干，由法律、行政法规、地方性法规等各个层次的法律规范构成的有机统一整体。2011年3月，十一届全国人大四次会议庄严宣布，一个立足中国国情和实际、适应改革开放和社会主义现代化建设需要、集中体现党和人民意志的中国特色社会主义法律体系已经形成。

要点4 ▶ 全面依法治国在"四个全面"中的作用

在"四个全面"中，全面依法治国具有基础性、保障性作用。在统筹推进伟大斗争、伟大工程、伟大事业、伟大梦想，全面建设社会主义现代化国家的新征程上，我们要更好发挥法治固根本、稳预期、利长远的保障作用。

小试牛刀1

1 法治是一种治理国家的理论、原则、理念和方法，是一种社会意识；法制通常是指国家的法律和制度的简称，是一种社会制度。（　　）

A. 正确　　B. 错误

【解】A。本题考查法律、法治、法制。论述正确。

2 法律区别于道德规范、宗教规范、风俗习惯、社会礼仪、职业规范等其他社会规范的首要之处在于，它是由国家创制并保证实施的社会规范。（　　）

A. 正确　　B. 错误

【解】A。本题考查法律规范与其他规范。论述正确。

3 中国特色社会主义法律体系是以宪法为统帅，以法律为主干，以中央法规和地方性法规为重要组成部分，由多个法律部门组成的有机统一整体。（　　）

A. 正确　　B. 错误

【解】B。本题考查中国特色社会主义法律体系。中国特色社会主义法律体系由法律、行政法规、地方性法规等各个层次的法律规范构成，题设中"以中央法规和地方性法规为重要组成部分"表达错误。

4 我国社会主义法律体系的核心是（　　）。

A. 行政法　　B. 经济法　　C. 刑法　　D. 宪法

【解】D。本题考查中国特色社会主义法律体系。我国社会主义法律体系的核心是宪法。

5 2010年年底，一个立足中国国情和实际、适应改革开放和社会主义现代化建设需要、集中体现中国共产党和中国人民意志的中国特色社会主义法律体系已经形成。中国特色社会主义法律体系是由宪法相关法等多个法律部门组成的有机统一整体。这个有机统一整体的主干是（　　）。

A. 宪法　　B. 法律　　C. 行政法规、地方性法规　　D. 社会主义法治理念

【解】A。本题考查中国特色社会主义法律体系。我国社会主义法律体系，这个有机统一整体的主干是宪法。

要点 5 ▶ 党大还是法大

为什么说“党大还是法大”是个伪命题？

(1)“党大还是法大”是一个政治陷阱，是一个伪命题。党的领导和依法治国不是对立的，而是统一的。我国法律充分体现了党和人民意志，我们党依法办事，这个关系是相互统一的关系。从逻辑上讲，党的本质是政治组织，而法的本质是行为规则，两者不存在谁比谁大的问题，否则就会落入话语陷阱。如果说党比法大，那就是承认法治、依法治国都是虚假的，法就不存在了；如果说法比党大，那党的领导就难以实施了。因此，在党和法之间不能搞简单的比较。

(2)当然，我们说不存在“党大还是法大”的问题，是把党作为一个执政整体，就党的执政地位和领导地位而言的，具体到每个党政组织、每个领导干部，就必须服从和遵守宪法法律。“权大还是法大”则是一个真命题。纵观人类政治文明史，权力是一把“双刃剑”，在法治的轨道上行使可以造福人民，在法律之外行使必然祸害国家和人民。

要点 6 ▶ 中国特色社会主义法治与资本主义法治的根本区别

我国社会主义制度保证了人民当家作主的主体地位，也保证了人民在全面推进依法治国中的主体地位。这是我们的制度优势，也是中国特色社会主义法治区别于资本主义法治的根本所在。

要点 7 ▶ 中华法系

中华法系形成于秦朝，到隋唐时期逐步成熟，《唐律疏议》是代表性的法典，清末以后中华法系影响日渐衰微。中华法系是在我国特定历史条件下形成的，显示了中华民族的伟大创造力和中华法制文明的深厚底蕴。中华法系凝聚了中华民族的精神和智慧，有很多优秀的思想和理念值得我们传承。

出礼入刑、隆礼重法的治国策略，民惟邦本、本固邦宁的民本理念，天下无讼、以和为贵的价值追求，德主刑辅、明德慎罚的慎刑思想，援法断罪、罚当其罪的平等观念，保护鳏寡孤独、老幼妇残的恤刑原则，等等，都彰显了中华优秀传统法律文化的智慧。

要点 8 ▶《法治中国建设规划(2020—2025)》

《法治中国建设规划(2020—2025 年)》明确的总体目标：

建设法治中国，应当实现法律规范科学完备统一，执法司法公正高效权威，权力运行受到有效制约监督，人民合法权益得到充分尊重保障，法治信仰普遍确立，法治国家、法治政府、法治社会全面建成。

到 2025 年，党领导全面依法治国体制机制更加健全，以宪法为核心的中国特色社会主义法律体系更加完备，职责明确、依法行政的政府治理体系日益健全，相互配合、相互制约的司法权运行机制更加科学有效，法治社会建设取得重大进展，党内法规体系更加完善，中国特色社会主义法治体系初步形成。

到 2035 年，法治国家、法治政府、法治社会基本建成，中国特色社会主义法治体系基本形成，人民平等参与、平等发展权利得到充分保障，国家治理体系和治理能力现代化基本实现。

要点 9 ▶ 法治权威有无首先要看宪法权威有无

法治权威能不能树立起来，首先要看宪法有没有权威。必须把宣传和树立宪法权威作为全面推进依法治国的重大事项抓紧抓好，切实在宪法实施和监督上下功夫。

要点 10 ▶ 宪法序言的法律地位

宪法序言是我国宪法的重要组成部分，是我国宪法最重要的特征之一，也是我国宪法与其

他许多国家宪法的重大区别。宪法序言是我国宪法的灵魂，同现行宪法各章节一样具有最高法律效力。宪法及其法律效力具有整体性和不可分割性，任何将宪法序言与宪法总纲、宪法具体条文割裂开来，进而认为宪法序言没有法律效力的观点，都是错误的。

要点 11 人权是历史的、发展的

人权是一定历史条件下的产物，也会随着历史条件的发展而发展。各国发展阶段、经济发展水平、文化传统、社会结构不同，所面临的人权发展任务和应采取的人权保障方式也会有所不同。应当尊重人权发展道路的多样性。只有将人权的普遍性原则同各国实际相结合，才能有效地促进人权的实现。世界各国在人权保障上没有最好，只有更好；世界上没有放之四海而皆准的人权发展道路和保障模式，人权事业的发展必须也只能按照本国国情和人民需要加以推进。

要点 12 坚持党中央权威和集中统一领导

坚持党中央权威和集中统一领导的一项重大制度性安排：

坚持党中央权威和集中统一领导，是坚持党的领导的最高原则，是我国制度优势的根本保证。党中央每年听取全国人大常委会、国务院、全国政协、最高人民法院、最高人民检察院党组工作汇报和中央书记处工作报告，是坚持党中央权威和集中统一领导的一项重大制度性安排。

要点 13 法治和人治

法治和人治问题是人类政治文明史上的一个基本问题，也是各国在实现现代化过程中必须面对和解决的一个重大问题。综观世界近现代史，凡是顺利实现现代化的国家，没有一个不是较好解决了法治和人治问题的。相反，一些国家虽然也一度实现快速发展，但并没有顺利迈进现代化的门槛，而是陷入这样或那样的“陷阱”，出现经济社会发展停滞甚至倒退的局面。后一种情况很大程度上与法治不彰有关。

法治思维与人治思维的区别，集中体现在如下四个方面：

一是在依据上，法治思维认为国家的法律是治国理政的基本依据，也是行为的根本指南。处理法律问题要以事实为根据、以法律为准绳；而人治思维的本质是主张人高于法或权大于法，它片面强调依赖个人的魅力、德性和才智来治国平天下。

二是在方式上，法治思维以一般性、普遍性的平等方式调节社会关系，解决矛盾纠纷，坚持法律面前人人平等原则，具有稳定性和一贯性；而人治思维漠视规则的普遍适用性，按照个人意志和感情进行治理，治人者以言代法、言出法随、朝令夕改，具有极大的任意性和非理性。

三是在价值上，法治思维强调集中社会大众的意志来进行决策和判断，是一种“多数人之治”的思维，避免陷入无政府主义或以民主之名搞乱社会；而人治思维是个人说了算的专断思维。

四是在标准上，法治思维与人治思维的分水岭不在于有没有法律或者法律的多寡与好坏，而在于最高的权威究竟是法律还是个人。法治思维以法律为最高权威；人治思维则奉个人的意志为最高权威，当法律的权威与个人的权威发生矛盾时，强调服从个人而非服从法律的权威。

要点 14 民事责任、行政责任和刑事责任

违反法定义务应当承担的法律责任：

有义务就意味着有责任，如果公民法人未能依法履行义务，根据情节轻重应当承担相应的法律责任。法律责任主要包括民事责任、行政责任和刑事责任。公民未能依法履行义务，根据情节轻重，应当承担相应的法律责任。法律责任包括民事责任、行政责任和刑事责任。

(1)民事责任是指由于违反民事法律规定、违约或者由于民法规定所应承担的一种法律责任。民事责任主要是财产责任,也可以是以人身、行为、人格等为责任承担内容的非财产责任;民事责任主要是一方当事人对另一方的责任;民事责任主要是补偿性的。在法律允许的条件下,民事责任可由当事人协商解决。

(2)行政责任是指因违反行政法或因行政法规定而应承担的责任。对行政违法者的制裁包括行政处罚和行政处分。行政处罚是由国家行政机关对违反行政法律规定的行政相对人所实施的法律制裁;而行政处分是指国家行政机关对违反法律规定的行政人员所实施的法律制裁。

(3)刑事责任是指行为人因其犯罪行为所必须承担的由国家司法机关代表国家依法所确定的否定性法律后果,即行为人实施刑事法律禁止的行为所必须承担的法律后果,承担刑事责任意味着应受刑罚处罚。

小试牛刀 2

6 人类社会发展的事实证明,依法治理是最可靠、最稳定的治理。要善于运用法治思维和法治方式进行治理。法治思维与人治思维的分水岭在于(　　)。

A. 有没有法律　　B. 法律的多寡

C. 法律的好坏　　D. 最高的权威是法律还是个人

【解】D。本题考查法治和人治。法治思维与人治思维的分水岭不在于有没有法律或者法律的多寡与好坏,而在于最高的权威究竟是法律还是个人。

7 培养法治思维,必须抛弃人治思维。法治思维区别于人治思维的集中体现是(　　)。

A. 在依据上,法治思维认为国家的法律是治国理政的基本依据,处理法律问题要以事实为根据、以法律为准绳

B. 在方式上,法治思维以一般性、普遍性的平等对待方式调节社会关系,具有稳定性和一贯性

C. 在价值上,法治思维强调集中社会大众的意志来进行决策和判断

D. 在标准上,法治思维以法律为最高权威

【解】ABCD。本题考查法治和人治。四个选项都是法治思维区别于人治思维的集中体现。

8 行政处罚是指国家行政机关对违反法律规定的行政人员所实施的法律制裁。(　　)

A. 正确　　B. 错误

【解】B。本题考查民事责任、行政责任和刑事责任。行政处罚是由国家行政机关对违反行政法律规定的行政相对人所实施的法律制裁。行政相对人可以是行政人员,也可以是一般公民。

小节 2　思考讨论

1. 联系实际谈谈为什么说我国社会主义法律是党的主张和人民意志的共同体现。

【答】从本质上说,我国社会主义法律是中国特色社会主义制度的重要组成部分,是党领导人民当家作主的制度保障。我国社会主义法律体现了党的主张和人民意志的统一。我国社会主义法律既具有鲜明的阶级性,又具有广泛的人民性,体现了阶级性与人民性的统一。

我国是中国共产党领导下的社会主义国家,人民是国家的主人,制定法律的权力属于人民。中国共产党是中国工人阶级的先锋队,同时是中国人民和中华民族的先锋队,是中国特色社会

主义事业的领导核心。社会主义法律维护人民的根本利益，巩固中国共产党的领导地位，体现了党的主张和人民意志的统一。党领导人民制定宪法法律，党领导人民实施宪法法律，党自身必须在宪法法律范围内活动，这就是党的领导力量的体现，也是我国社会主义法律最本质特征的具体表现。

因此，我国社会主义法律是党的主张和人民意志的共同体现。

2. 2020 年 11 月，中国共产党历史上首次召开中央全面依法治国工作会议，将习近平法治思想明确为全面依法治国的指导思想。谈谈什么是习近平法治思想的核心要义。

【答】习近平法治思想的核心要义和理论精髓，集中体现为习近平总书记在中央全面依法治国工作会议上提出并系统阐述的“十一个坚持”。

坚持党对全面依法治国的领导。党的领导是推进全面依法治国的根本保证。党的领导是我国社会主义法治之魂，社会主义法治必须坚持党的领导。

坚持以人民为中心。全面依法治国最广泛、最深厚的基础是人民，推进全面依法治国的根本目的是依法保障人民权益。要努力让人民群众在每一项法律制度、每一个执法决定、每一宗司法案件中都感受到公平正义。

坚持中国特色社会主义法治道路。中国特色社会主义法治道路，本质上是中国特色社会主义道路在法治领域的具体体现。推进全面依法治国必须走对路，要从中国国情和实际出发，走适合自己的法治道路。

坚持依宪治国、依宪执政。宪法是国家的根本法，具有最高的法律效力。依法治国首先是依宪治国，依法执政首先是依宪执政。要加强宪法实施和监督，推进合宪性审查工作，维护国家法治统一。

坚持在法治轨道上推进国家治理体系和治理能力现代化。法治是国家治理体系和治理能力的重要依托。全面依法治国才能有效保障国家治理体系的系统性、规范性、协调性，才能最大限度凝聚社会共识。

坚持建设中国特色社会主义法治体系。要加快形成完备的法律规范体系、高效的法治实施体系、严密的法治监督体系、有力的法治保障体系，形成完善的党内法规体系。要坚持依法治国和以德治国相结合，实现法治和德治相辅相成、相得益彰。

坚持依法治国、依法执政、依法行政，共同推进法治国家、法治政府、法治社会一体建设。全面依法治国是一个系统工程，要整体谋划，更加注重系统性、整体性、协同性。

坚持全面推进科学立法、严格执法、公正司法、全民守法。要继续推进法治领域改革，解决好立法、执法、司法、守法等领域的突出矛盾和问题。

坚持统筹推进国内法治和涉外法治。要加快涉外法治工作战略布局，协调推进国内治理和国际治理。要积极参与国际规则制定，提出改革方案，推动全球治理变革，推动构建人类命运共同体。

坚持建设德才兼备的高素质法治工作队伍。要推进法治专门队伍革命化、正规化、专业化、职业化，确保做到忠于党、忠于国家、忠于人民、忠于法律。法律服务队伍是全面依法治国的重要力量。

坚持抓住领导干部这个“关键少数”。领导干部具体行使党的执政权和国家立法权、行政权、监察权、司法权，党的领导能不能在全面依法治国实践中得到具体落实，领导干部是关键。

3. 有人说,宪法规定的大多是一些原则性内容且很抽象,而且司法判决一般也不援引宪法条文,因而宪法是一部与公民生活关系不大、高高在上的“闲法”。谈谈如何看待这一说法。

【答】这种说法是错误的。

宪法是实现国家认同、凝聚社会共识、促进个人发展的基本准则,是维系一个国家、一个民族凝聚力的根本纽带。我国宪法实现了党的主张和人民意志的高度统一,具有显著优势、坚实基础、强大生命力。宪法至上地位主要体现在其特有的作用、效力和内容等方面。

(1)我国宪法是国家的根本法,是党和人民意志的集中体现,是治国安邦的总章程。正因为宪法是根本大法,所以一般对调整范围内的问题只会规定基本的原则,这也决定了宪法规范的抽象性、不具有直接的可操作性等特点。虽然宪法规定的大多是一些原则性内容且很抽象,但宪法有以其为依据制定的各类法律法规,使得其规定的原则性问题得以细化;另外,宪法有配套的宪法解释机制,使得其规定内容的抽象性变得具体。

(2)我国宪法是国家各项制度和法律法规的总依据。宪法在中国特色社会主义法律体系中居于统帅地位。我国宪法具有最高的法律地位、法律权威、法律效力,具有根本性、全局性、稳定性、长期性。尽管司法判决一般也不援引宪法条文,但日常制定的各种法律都必须依照宪法,否则会因为违宪而被视作无效。公民日常行为规范都必须依照宪法设立。

(3)我国宪法规定了国家的根本制度。我国宪法确立了中国共产党的领导地位,规定了国家的根本任务、领导核心、指导思想、基本原则、发展道路、奋斗目标。

(4)我们党领导人民制定的宪法,是中国历史上第一部真正的人民宪法,是规范国家权力运行、保障公民权利实现的根本活动准则。宪法作为根本大法,其保障公民最基本的权利和规定了最基本的义务,其与全体公民紧密相连,与我们日常生活息息相关。

综上,宪法不是一部与公民生活关系不大、高高在上的“闲法”,而是与公民生活息息相关的“忙法”。因此,我们应积极学习宪法,不做违反宪法的事情。

4. 结合实际谈谈大学生应怎样依法行使权利与履行义务以及如何提升法治素养。

【答】(1)大学生应怎样依法行使权利与履行义务。

① 大学生要掌握充分扎实的法律知识,清楚自己拥有哪些权利与义务。

我国宪法法律规定了公民享有的一系列权利,主要包括政治权利、人身权利、财产权利、社会经济权利、宗教信仰自由及文化教育权利等。

公民应遵守的基本法律义务有:维护国家统一和民族团结,遵守宪法和法律,维护祖国安全、荣誉和利益,依法服兵役,依法纳税。

② 大学生应该正确认识权利与义务的关系。

权利与义务是辩证统一、目的与手段的关系,是平等互利的关系。在法律权利与法律义务相一致的情况下,一个人无论是行使权利还是履行义务,实际上都是对自己有利的。

③ 大学生应当正确把握依法行使权利、履行义务的基本要求,既珍惜自己权利又尊重他人权利,既善于行使权利又自觉履行义务。

依法行使法律权利要求公民行使权利时应严格依据法律进行,以法律的相关规定为界限,超出这个边界就可能侵犯到他人的权利或者损害到国家、社会的利益。依法行使权利,一是目的要正当,二是要有限度,三是要按法定的方式行使,四是行使的程序要正当。

义务法定,一方面是说义务的设定必须有法律依据,另一方面是说法定的义务应当履行,否则会承担不利的法律后果。大学生应认真带头履行法定义务,为社会树立榜样。

④ 总之，大学生应该掌握充分扎实的法律知识，培养一定的法律意识，提高个人思想和道德素质修养，多参加与法律有关的活动，使自己在实践中不断加深对法律知识的了解，从而切实做到依法、守法、懂法、护法，让自己得到升华。

(2)如何提升法治素养。

① 首先，要尊重法律权威。

尊重法律权威，就是要信仰法律，对法律常怀敬畏之心；尊重法律权威，就是要遵守法律，要用实际行动捍卫法律尊严，保障法律实施；尊重法律权威，就是要服从法律，拥护法律的规定，接受法律的约束，履行法定的义务，服从依法进行的管理，承担相应的法律责任；尊重法律权威，就是要维护法律，争当法律权威的守望者、公平正义的守护者、具有良知的护法者。

② 其次，要学习法律知识。

积极查阅法律书籍，了解法律法规条文方面的知识和法律法治基本原理方面的知识。

除了从书本上获取法律知识外，还可以通过收听收看法制广播电视节目、阅读法律类报纸杂志，尤其是运用网络等途径学习法律知识。

参与法治实践。现在，参与法律实践的方式和途径越来越多。一是参与立法讨论；二是旁听司法审判；三是参与模拟法庭、法律诊所、法律辩论等校园法治文化活动。

③ 再次，要养成守法习惯。

增强规则意识。做事考虑是否合法可行，防止因头脑发热或心存侥幸而铸成大错。在学习和生活中，大学生应做到懂规矩、守规则、依规范，坚持依法办事。

守住法律底线。法律不能成为“橡皮泥”“稻草人”，大学生应当坚持从我做起，从身边做起，形成底线思维，严守法律底线，带头遵守法律。

④ 最后，要提高用法能力。

学会用法维护自身权利。当自身的合法权益受到侵害或者威胁时，既要有遇事找法、解决问题用法、化解矛盾靠法的意识，又要掌握维护权利的途径和手段。

学会用法维护社会利益。对违法犯罪行为要敢于揭露、勇于抵制，消除袖手旁观、畏缩不前的恐惧心理，抵制遇事回避的惧法现象。